El poder de verte bien

MIRIAM ALEGRÍA

El poder de verte bien

La guía que necesitas para
aprender a mirarte bonito y brillar

montena

Papel certificado por el Forest Stewardship Council®

Primera edición: abril de 2025

© 2025, Míriam Alegría, por el texto y las ilustraciones
© 2025, Penguin Random House Grupo Editorial, S. A. U.
Travessera de Gràcia, 47-49. 08021 Barcelona
Shutterstock, por el recurso de las páginas 67 y 141
iStock, por las imágenes de los interiores

Penguin Random House Grupo Editorial apoya la protección de la propiedad intelectual. La propiedad intelectual estimula la creatividad, defiende la diversidad en el ámbito de las ideas y el conocimiento, promueve la libre expresión y favorece una cultura viva. Gracias por comprar una edición autorizada de este libro y por respetar las leyes de propiedad intelectual al no reproducir ni distribuir ninguna parte de esta obra por ningún medio sin permiso. Al hacerlo está respaldando a los autores y permitiendo que PRHGE continúe publicando libros para todos los lectores. De conformidad con lo dispuesto en el artículo 67.3 del Real Decreto Ley 24/2021, de 2 de noviembre, PRHGE se reserva expresamente los derechos de reproducción y de uso de esta obra y de todos sus elementos mediante medios de lectura mecánica y otros medios adecuados a tal fin. Diríjase a CEDRO (Centro Español de Derechos Reprográficos, http://www.cedro.org) si necesita reproducir algún fragmento de esta obra.
En caso de necesidad, contacte con: seguridadproductos@penguinrandomhouse.com

Printed in Spain – Impreso en España

ISBN: 978-84-10396-20-3
Depósito legal: B-2.586-2025

Compuesto en Comptex & Ass., S. L.
Impreso en Huertas Industrias Gráficas, S. A.
Fuenlabrada (Madrid)

GT 96203

*Dedicado a todas las mujeres
que fueron niñas invisibles*

Contenido

INTRODUCCIÓN 11

PARTE I: CUANDO ESTÁS ABAJO
1. CUANDO FUIMOS INVISIBLES 15
   La Bellota 26
2. ¿POR QUÉ A NOSOTRAS? 31
   Qué llevo en mi bolso 36
3. LA ETIQUETA QUE NUNCA PEDIMOS 49
   Aprende a visualizar 54
4. LA ESPIRAL QUE NOS ATRAPA 59
   Las heridas de la infancia 62
   Te miras, pero no te ves 66
5. PARECÍA AMOR 73
   Huele a tóxico 77

PARTE II: EMPIEZA LA TRANSFORMACIÓN
6. CUANDO SOÑAMOS DESPIERTAS 85
   Visualización material 87
7. AGRADECER, INCLUSO EN LO DIFÍCIL 95
   La torre 97
8. EL AMOR EMPIEZA AQUÍ 105
   El paraguas 112
9. MARCAR LOS LÍMITES 119
   Ho'oponopono 126

10. DONDE MENOS TE LO ESPERAS 135
    Decretar 141
    Diario de manifestación 146
11. ESA FUERZA INTERIOR QUE TODAS TENEMOS ... 151
    La ley del espejo 154
12. QUERIDA, EL ÉXITO TAMBIÉN ES TUYO 159
    La caja mágica 163
13. DEJANDO UNA HUELLA BONITA 169
    Cartas al universo 174
14. EL AMOR QUE DAMOS REGRESA
    MULTIPLICADO 179
    El panel de visualización 184
15. TODO LO QUE OFRECES, TODO LO QUE TE
    LLEGA 191
    Diario de gratitud 195
    Altar de intenciones 204
16. EL DINERO COMO ENERGÍA DE
    ABUNDANCIA 211
    Mujer y abundancia 217
    Como decía Minnelli: *Money, money* 221
17. PERMITÁMONOS SER IMPERFECTAS 229
    Meditar 233
18. JUNTAS SOMOS IMPARABLES 241
    El bambú huertano 245

EPÍLOGO. De invisible a millonaria 251
AGRADECIMIENTOS 253

INTRODUCCIÓN

Si tienes este libro en tus manos, tal vez no estés pasando precisamente por tu mejor momento. Quizás ahora mismo tu vida está patas arriba o te sientes atrapada en un pozo de difícil salida. Vamos, que a lo mejor te sientes un poco en la mierda y, como objetivamente no es el mejor lugar en el que quedarte, te gustaría saber cómo empezar a salir de ahí para colocarte en un lugar más bonito, inspirador, seguro y agradable.

Antes que nada, déjame decirte algo: amiga, yo he estado ahí. Y no cuatro días, no. He estado en ese pozo años y años, viendo la vida pasar sin saber muy bien cómo salir de aquella situación. *SPOILER ALERT*: sí, salí de ahí, y quiero que tú también lo hagas, que te liberes de aquello que no te aporta, que te lances a cumplir tus sueños, que tomes las riendas de tu vida.

Tranquila, no tienes que hacer esto sola. Te prometo que te acompañaré en tu proceso de transformación e intentaré que estas páginas sean una potente herramienta para ti. Y lo haré contándote poco a poco mi historia, el camino que he recorrido hasta convertirme en quien soy ahora: una mujer feliz, segura de sí misma y que ama su vida por encima de todo.

Lo que soy ahora es fruto de lo que he sido. Y sí, tal vez en este momento sea una mujer feliz y orgullosa de mí misma, pero te prometo que no siempre fue así. Tal vez mi historia se parezca a la tuya, tal vez te remueva como a mí al recordarla, tal vez te inspire para dejar atrás ese dolor que cargas.

PARTE I:
CUANDO ESTÁS ABAJO

1.
Cuando fuimos invisibles

Soy la pequeña de cinco hermanos de una familia obrera, desordenada y humilde que sobrevivía como podía en los 90. Me crie en el bar de mis padres, un negocio abierto casi a demanda de los clientes desde las seis de la mañana para empezar con los desayunos hasta las dos de la madrugada si se alargaban las cenas. Mi padre solo cerraba la noche de Nochebuena y el hombre llegaba tan cansado que más de un 24 de diciembre ni se sentaba a la mesa para cenar. No hace falta que te diga que era un adicto al trabajo; era infiel a mi madre con su negocio y también un padre ausente, un completo desconocido para mí.

Por otra parte, mi madre hacía lo que podía. Enganchada a una relación tóxica, se dejaba arrastrar al maldito bar intentando salir de un bucle de deudas que no dejaban de surgir. Se quedó embarazada de mí casi a los cuarenta, algo ahora habitual, pero muy extraño entonces. Claramente fue una sorpresa para todos y siempre sentí que no era merecedora de nada, ya me habían hecho un favor al darme un lugar en aquella familia caótica.

Cuando mi vecina Sabina me veía sola en la calle o sentada en la puerta de la cocina, me invitaba a pasar a su casa y no tardaba ni cinco minutos en quedarme frita en su sofá. Muchas noches tenía que dormir en el coche de mi madre, un viejo Renault 21 con unas fundas de peluche blanco y negro *animal print* que llegué a sentir como un hogar, hasta las dos de la mañana, cuando mis padres cerraban el bar. No sé qué edad tendría yo, pero mi cuerpo cabía perfectamente en aquel asiento trasero.

Algunos años después busqué mis estrategias para no pasar tanto tiempo sola en la calle. Salía del colegio y siempre intentaba ir a casa de alguna compañera con la excusa de hacer los deberes. Me encantaba vivir una tarde en una familia ordenada, con una merienda preparada por un adulto que te obligaba a hacer la tarea. Un espacio con normas que yo no tenía; a mí nunca me pidieron las notas ni jamás se sentaron a ayudarme con los deberes. En casa de mis amigas, nos tirábamos las tardes dibujando. Cuando eran las ocho, amablemente me invitaban a irme y entonces volvía al bar, cenaba algo y, si no tenía suerte con las vecinas o hacía demasiado frío para estar en el coche, juntaba cuatro sillas y dormía allí mismo.

Era invisible, o así lo sentía yo. Una vez, cuando tenía seis años, me escapé del bar y nadie vino a buscarme. Volví dos horas después y nadie se había dado cuenta de que me había ido.

No había tiempo para mí. Ni siquiera cuando nací merecí la importancia de apuntar mi fecha de nacimiento correcta y cada año recuerdo que mi cumpleaños oficial no era el día que tocaba. Tampoco había tiempo para peinarme, por eso llevé el pelo corto como un chico hasta los seis, ni había tiempo para comprarme ropa bonita, así que vestía con ropa heredada de mis primos y hermanos. En la función de Navidad, tampoco dedicaron unos minutos a hacerme una falda de pastora y atarme un pañuelo en la cabeza: tuve que ser pastor con el traje de mi hermano.

Me enseñaron que era responsable para ser un ente independiente que volvía solo del colegio porque estaba junto al bar, pero también para ir a catequesis, que estaba más lejos. A los ocho años, heredé una bici y mi hermano de trece años me enseñó el camino del bar a mi casa para que mis padres no tuvieran que perder su tiempo en llevarme.

A mediodía yo dejaba de ser invisible, había un minuto en el que hablaban conmigo; mi padre abandonaba su trabajo para preguntarme: «¿Qué quieres comer?». No sabes la felicidad que sentía en aquellos segundos, cuando mi padre, como cocinero orgulloso, alardeaba de mí con los clientes sobre lo bien que yo comía. Así que la pequeña Miriam desarrolló con lógica la siguiente estrategia: si pedía un segundo plato, mi padre me miraría dos minutos en lugar de uno. De esta forma encontré en la comida una herramienta para merecer cosas buenas, al menos por dos minutos del día, pero desarrollé un trastorno compulsivo de la alimentación que llegaría más tarde.

Cuando había muchos clientes, ayudaba en el bar y eso me hacía sentir útil: por fin era «importante» en aquella sociedad hostelera. Al principio mis padres me pedían que llevara la cuenta a la mesa para que me dejaran propina, ya que siempre solía ser más generosa si una niña pequeña te la llevaba. Pronto aprendí a montar una mesa, con el mantel de papel sujeto a la mesa con pinzas, cubiertos enrollados en la servilleta, aceitera completa y copa. «¿Qué le traigo para beber?», preguntaba a los clientes. Aquella diminuta camarera improvisada era muy graciosa. El pan me lo cortaba mi hermano, hasta que un día cogí el cuchillo y lo corté yo. Recuerdo que me tuve que subir a una caja de Coca-Cola para llegar a la mesa de corte.

Por las tardes, también era útil como «alarma». Mi padre estaba solo y tenía una silla de playa en la cocina, donde descansaba un par de horas. Mi trabajo era sencillo, solo tenía que despertarlo cuando entrara un cliente. Mientras, yo sola me hacía un vaso de leche con colacao y comía algo que yo misma me había comprado en la panadería. Pronto aprendí a preparar siete cafés diferentes en aquella Faema manual de los 90. Café solo, recuelo, cortado, bombón, manchado, carajillo, café con leche y leche manchada. No podía equivocarme, ya que si no tendría que despertar a aquel padre agotado, y si alguna tarde no podía quedarme me sentía responsable, porque su descanso dependía de mí. Por supuesto, en aquel momento mis padres no me pagaban, era obligatorio colaborar en el negocio familiar.

En mi casa no se escribían cartas a los Reyes Magos, simplemente dejaban lo que ellos consideraban (o lo que pillaran de última hora). Tampoco había caprichos especiales, así que cuando quería algo me tocaba ponerme creativa para conseguir el dinero. Con nueve años aprendí a hacer pulseras de hilo y me puse a venderlas en la puerta del bar, y con lo que me saqué me compré el paquete de hojas de cambiar de Sad Sam que tanto quería.

Solía llegar tarde todos los días porque dependía de mis padres, adultos ocupados que siempre iban sin tiempo y que me dejaban en el Fulgencio Ruiz después de que la sirena hubiese sonado. Al principio me daba vergüenza, pero al final me acostumbré y entendí sin querer que la puntualidad no era importante; he llegado tarde a todo durante la mayor parte de mi vida. La disciplina y las rutinas nunca fueron mi fuerte. Hasta los catorce años no empecé a lavarme los dientes, lo hice porque vi que mis amigas lo hacían; tampoco fui merecedora de aprender algo tan sencillo como esto.

Podría contarte mucho más, pero creo que con esto es suficiente para que te hagas una idea del entorno en el que viví. Mi familia me crio lo mejor que supo en aquellas circunstancias, así que crecí creyendo que:

- No era suficiente.
- No era merecedora de nada bonito.
- No era una prioridad para nadie.
- Para poder sobrevivir es necesario trabajar sin descanso.
- Para que me quisieran, debía olvidarme de mí y contentar al resto.
- Debía ser responsable de mí misma, sin delegar ni pedir ayuda.
- Cultivar buenos hábitos no era algo importante.
- No era digna de amor sin condiciones.
- La vida es trabajar sin descanso.
- Soy responsable de los problemas de los demás.
- No está bien quejarse, reclamar atención o expresar mis emociones.

¿Te suena alguno de estos puntos?

Las creencias que adoptamos en nuestra infancia nos acompañan toda la vida, a menos que aprendamos a cuestionarlas y transformarlas.

Durante años, estas fueron mis creencias limitantes, aquellas que detuvieron mi crecimiento personal. La herida más profunda que cargo desde entonces es la de sentirme ignorada en mi niñez; aunque he trabajado mucho para sanarla, aún hay días en que me veo a mí misma como aquella niña invisible. Me creí completamente las etiquetas que otros me impusieron y llegué a pensar que una vida distinta a la que conocía no era posible.

A mi niña interior se le ha ocurrido un pequeño juego secreto, entre tú y yo. Para que te sientas acompañada en esta guía, vamos a mandarnos mensajes en clave, que estarán a la vista de miles de personas, pero solo nosotras sabremos lo que significan. Si te apetece jugar, en cada bloque te dejaré la contraseña que tienes que escribirme en cualquier vídeo de mi perfil de Instagram @miriamalegria. Seguro que en algún momento te das cuenta de que hay otras personas jugando a esto y en el mismo punto que tú; es solo una pequeña señal para que todas veamos que no somos invisibles y no estamos solas.

La contraseña de hoy es esta: 🌝 👀

CUENTA TU HISTORIA

Tus creencias de la infancia

¿Con qué creencias creciste? Te invito a reflexionar sobre aquellas creencias que se arraigaron en ti durante tu infancia. Este ejercicio es un primer paso para conocerte mejor, sin juicios, y comprender cómo estas creencias influyen en tu vida actual.

Las 13 creencias más habituales:

1. **No soy suficiente o no soy digno de amor:** Surge cuando el niño no recibe afecto, atención o aceptación incondicional, o cuando percibe que no cumple con las expectativas de sus padres, maestros o entorno. Puede ser el resultado de críticas constantes, abandono emocional o amor condicionado al logro de metas, así como de comparaciones frecuentes o la falta de validación emocional.

2. **El dinero es malo o el éxito no es para mí:** Aparece en entornos donde se desvalorizan los logros o donde hay mensajes familiares negativos sobre el dinero, como «el dinero no da la felicidad», «el dinero cambia a las personas», «somos pobres pero honrados» o «si tiene dinero, algo malo habrá hecho». Estas creencias

pueden limitar la ambición, generar miedo al fracaso o al rechazo y bloquear la relación con la abundancia y el éxito financiero.

3. **Siempre tengo que agradar a los demás, no tengo derecho a decir que no, o mi opinión no importa:** Se desarrolla en entornos donde no se respetan los límites del niño, se espera obediencia absoluta o donde el amor y la aprobación dependen de la complacencia. También surge cuando los adultos desestiman o ignoran lo que el niño dice. Estas creencias fomentan una personalidad complaciente y pasiva, dificultan la expresión de necesidades y deseos, y promueven la falta de límites saludables, lo que puede llevar a relaciones tóxicas.

4. **El mundo es un lugar peligroso:** Nace en ambientes donde predominan el miedo, la inseguridad o la sobreprotección. Esta creencia limita la capacidad de asumir riesgos y explorar nuevas oportunidades.

5. **No puedo hacerlo solo o no soy inteligente/capaz:** Se origina por comentarios como «no es lo tuyo», «tú no entiendes» o «déjame hacerlo yo». Refleja la falta de confianza en las habilidades del niño por parte de los cuidadores, lo que limita la confianza en el aprendizaje y la capacidad de asumir retos intelectuales.

6. **Mis necesidades no son importantes o soy una carga para los demás:** Aparece en familias donde se priorizan las necesidades de los adultos o hermanos mayores, o donde el niño siente que su presencia o necesidades generan molestias. Estas creencias fomentan sentimientos de culpa, baja autoestima y descuido del propio bienestar.

7. **No es seguro expresar mis emociones:** Surge en familias donde las emociones son reprimidas, ignoradas o castigadas, con frases como «no llores», «no es para tanto» o «sé fuerte». Limita la capacidad de conectarse emocionalmente con los demás y consigo mismo.

8. **Soy responsable de los problemas de los demás o no puedo ser feliz si los demás no lo son:** Estas creencias fomentan la codependencia y el sacrificio personal. Suelen surgir en familias disfuncionales donde el niño asume responsabilidades emocionales desproporcionadas y desarrolla la idea de que su felicidad está ligada al bienestar de los demás.

9. **No puedo confiar en los demás:** Aparece cuando el niño experimenta traición, abandono o promesas incumplidas. Esta creencia fomenta el aislamiento y la desconfianza en las relaciones.

10. Debo ser como los demás para encajar o no destacar para no molestar: Surge en entornos donde la conformidad es más valorada que la individualidad o donde destacar provoca envidia, críticas o rechazo. Estas ideas limitan el desarrollo personal, fomentan el miedo a ser diferente y llevan a la pérdida de autenticidad.

11. No puedo cambiar quién soy: Se basa en mensajes como «así eres tú» o «nunca cambiarás». Limita la capacidad de creer en el desarrollo personal y en la posibilidad de transformación.

12. Es mejor no intentar para no fallar o las cosas buenas no duran: Aparece a raíz del miedo al fracaso inculcado por críticas excesivas o experiencias tempranas de pérdida o desilusión. Estas creencias llevan a la procrastinación, evitan asumir desafíos y dificultan disfrutar los momentos felices.

13. No debo cometer errores, debo ser perfecto o siempre tengo que esforzarme más que los demás: Se origina en ambientes perfeccionistas donde se castigan los errores o no se toleran las equivocaciones. Esto genera miedo al fracaso, parálisis ante decisiones importantes, agotamiento y una autoexigencia desmedida. También está ligada a la creencia de que el amor o la aceptación dependen de un desempeño impecable.

CUANDO FUIMOS INVISIBLES

Creencia n.º 1:
_____
_____

¿Qué situaciones la originaron?
_____
_____

¿Sigues creyendo que es cierta? ¿Por qué?
_____
_____

¿Esta creencia te limita actualmente en algo?
_____
_____

Creencia n.º 2:
_____
_____

¿Qué situaciones la originaron?
_____
_____

¿Sigues creyendo que es cierta? ¿Por qué?
_____
_____

¿Esta creencia te limita actualmente en algo?
_____
_____

Creencia n.º 3:
_____
_____

¿Qué situaciones la originaron?
_____
_____

¿Sigues creyendo que es cierta? ¿Por qué?
_____
_____

¿Esta creencia te limita actualmente en algo?
_____
_____

Tómate el tiempo para escribir con honestidad y empatía hacia ti misma, explorando cómo estas creencias han influido en tu vida. Este ejercicio es un espacio seguro para comenzar a desatar nudos internos y abrirte a nuevas perspectivas. Más adelante, te acompañaré en el proceso de transformar estas creencias en pilares que impulsen tu crecimiento personal.

LA BELLOTA

Viví en Londres una pequeña temporada con la idea de aprender inglés trabajando como *au pair* para una familia de seis y su golden Joe. En mi rutina diaria estaba incluido un largo paseo con aquel compañero, al que le encantaba correr libre por el parque. Soy de Murcia, una zona desértica en el sureste de España, por lo que me quedé impresionada la primera vez que pisé aquel parque lleno de verdes. Caminábamos un buen rato hasta que llegamos a una zona de robles enormes, los más grandes que yo había visto jamás.

Cada día me sentaba un ratito frente a uno de estos árboles gigantes y me fijaba en su copa, intentando ver qué pájaros anidaban allí. Los días de viento podías encontrarte en el suelo unas diminutas bellotas que pasan desapercibidas, casi invisibles. Fue entonces cuando encontré la metáfora del roble y la bellota. A mí me gusta contarla como si la narrara mi abuela:

«Una anciana solía sentarse cada tarde bajo la sombra del gran roble centenario en la plaza del pueblo. Le gustaba mirar con aquellos ojos llenos de sabiduría por el paso del tiempo a los niños que jugaban en aquella replaceta. Los pequeños, que ya la conocían, se sentaban en el suelo frente a ella y decían: "Señora Joaquina, cuéntenos el cuento".

»La abuela se reía mientras cogía del suelo algunas bellotas, se las daba a los chiquillos y decía: "¿Habéis visto la magnitud de este roble? Pues no siempre fue así. Hubo un tiempo en que no era más que una simple bellota como estas, así de pequeña e irrelevante, oculta entre las hojas del suelo. A primera vista, este fruto no parece ser nada especial, ¿verdad? Es tan diminuto que cualquiera podría pasar junto a él sin prestarle atención".

»Joaquina hacía una pausa, permitiendo que sus palabras se quedaran fijas en aquellas mentes. "Para que la bellota crezca, necesita la magia de los cuatro elementos":

Tierra, debe ser fértil para que puedan crecer las raíces que sujetarán el peso. Siempre nos fijamos en el éxito de este árbol al mirar su grandeza, pero ¿sabíais que hay una parte de él que no se ve? Para mostrarse así, ha tenido que trabajar mucho interiormente con sus raíces bajo tierra; a veces son incluso más largas las raíces que el propio árbol.

Fuego, en forma de luz, aporta pasión y motivación para crecer cada día más. Con ella hace la fotosíntesis, que le permite renovarse y transformarse cada amanecer.

Agua, debe ser abundante para que nutra todo nuestro árbol cada día. El agua es el alimento principal de cualquier árbol, como lo es la formación para nuestro desarrollo.

Aire, con el viento entrena sus ramas frente a las adversidades para hacerlo fuerte y resistente. Aprende a ser flexible para adaptarse a cualquier situación o época de cambio. Lo ayuda a liberarse de las cosas que quiere dejar ir, como sus hojas secas, para poder renovarse.

Además de los cuatro elementos, hay algo más importante que todo esto: el tiempo. Así como todos necesitamos un entorno de amor, oportunidades y paciencia para florecer, la bellota está llena de sueños, esperando el momento propicio para comenzar su transformación.

El viaje de la bellota no es fácil, enfrenta tempestades, vientos imposibles, el frío del invierno o las sequías del verano. Pero persiste, porque sabe que dentro de ella hay un roble esperando a nacer; al igual que nosotros cuando enfrentamos desafíos y tiempos difíciles debemos recordar que tenemos dentro la capacidad de crecer y convertirnos en algo grandioso. Finalmente, la bellota se convierte en un gran roble, un árbol fuerte, que proporciona sombra, refugio y hogar para aves, un símbolo de vida y resiliencia. Por lo tanto, cada persona que se permite crecer y superar las dificultades, se convierte en esperanza y fortaleza para ella misma y para los demás".

»Los niños miraban el roble con ojos nuevos, comprendiendo el esfuerzo de su crecimiento. Joaquina concluía así: "Recordad siempre, dentro de cada uno de nosotros hay una bellota. Con el tiempo, el cuidado adecuado y la paciencia, podemos convertirnos en robles majestuosos, capaces de transformar el mundo a nuestro alrededor".

Dentro de cada uno de nosotros hay una bellota con el poder de transformarnos en un enorme roble, capaz de cambiar el mundo a nuestro alrededor.

2.
¿Por qué a nosotras?

Hasta entonces en el colegio yo había ido como tenía que ir, pero ahora, mirando ese tiempo con retrospectiva, diría que mis años en la escuela fueron realmente espectaculares para ser una niña sin estructura familiar, sin rutinas ni disciplina. Todo fue gracias a las buenas compañeras que tenía, que eran aplicadas, y yo por imitación también lo fui.

En el aula me di cuenta de que no era invisible todo el rato. Por ejemplo, en segundo de primaria estábamos haciendo una actividad creativa y teníamos que enhebrar una aguja. No había manera que me saliera y se lo dije a la maestra. Se dio cuenta de que no conseguía enhebrar la aguja porque no veía bien y, gracias a ella y a esa actividad, me pusieron gafas. Si no hubiera sido por esa maestra y esa aguja, en mi casa jamás se hubieran dado cuenta de mis dioptrías.

A medida que nos íbamos haciendo mayores, los roles que adopté fueron cambiando. Cuando tenía diez u once años, me convertí en la graciosilla de clase; mis compañeros me querían mucho porque les ha-

cía reír, y eso me hacía sentir aceptada y valorada por el grupo. Era la gorda «felizota», según mi hermano.

Al pasar al instituto, empecé a compartir espacios con compañeros nuevos, que me llamaban gorda, y mi trastorno de la conducta alimentaria (TCA) empezó a crecer sin parar para poder dejar de serlo, pero también para poder enfrentarme a ellos. Un calor y un nudo en el estómago aparecían en cuanto me acercaba al edificio y se empezaban a escuchar los primeros insultos por el patio: «¡Hey, Willy!», «¿Qué pasa, gorda?». Los alumnos más creativos se marcaban un «Ya está aquí la foca» mientras emitían el sonido de los lobos marinos y palmeaban como si estuvieran en el Ártico. Es curioso que los que me insultaban siempre eran chicos, intentando ser guais pisando a alguien. Al principio me callaba y disimulaba, como si no escuchara, luego contestaba con ironía y creatividad, y a más de uno le planté cara.

Esta situación se convirtió en un cóctel explosivo y acabé siendo la «revientaclases»; me reía de los profesores para mendigar la atención de mis compañeros, montaba el show, me disfrazaba con lo que pillaba, contestaba de malas maneras y, siempre que encontraba disponible un compañero de fugas, me saltaba las clases. No hacía los deberes ni los trabajos de clase y no estudiaba porque era incapaz de memorizar, ya que perdía la atención constantemente y la mayoría de las veces no entendía ni el enunciado de las preguntas de los exámenes. El tío Paco, un profesor mítico de mi pueblo, me enseñó a no hacer faltas de ortografía, pero era incapaz de no invertir la «p» por la «q» o la «d» por la «b» y de no saltarme palabras al leer. Ahora sé que soy disléxica.

Solo me portaba bien cuando me ponía en la última fila y me quedaba completamente absorta dibujando; no atendía, pero tampoco molestaba. Ese primer año en el instituto nuevo me quedaron ocho asignaturas de doce. Eso sí, sacaba muy buenas notas en las que requerían comprensión o práctica y no memorizar.

No me levantaba para ir a primera hora y tampoco tenía ninguna figura de autoridad a la que respetar. Las amonestaciones eran diarias y creo que llegaron a expulsarme. Esto me llevó a repetir curso por primera vez. En mi casa las peleas eran diarias y frases como «No vales para nada», «No llegarás a nada» o «Te saco a fregar platos en el bar» eran más habituales de lo que nadie querría. Algunos profesores me miraban con pena y me proponían «estudiar peluquería», como si las peluqueras fuesen menos que ellos. Estaba claro que, a ojos de los adultos, era una fracasada y, además, gorda.

Repitiendo segundo de la ESO, a mis catorce años era la mayor de la clase y encontré mi hueco con otros repetidores que eran tan chulitos como yo. Ese mismo año, después de trabajar todo el verano en el bar, me compraron una *scooter* Suzuki Katana, la excusa perfecta para mí, para no tener que dar explicaciones a nadie, y la excusa perfecta para mis padres, que se quitaban el problema de tener que llevarme donde una bici no llegaba. Ya no tenía que ir a comer al bar y podía tener el control absoluto sobre mi vida para desarrollar mi TCA al cien por cien.

Por supuesto, continué en el mismo rol de chulita y con dieciséis años repetí tercero después de que en la escuela me ofreciesen formar parte del Plan Especial de Diversificación. Sin embargo, las pruebas demostraban que era muy inteligente, ya que solía aprobar los exámenes sin estudiar, me bastaba con escuchar en clase. En aquel momento, ya no dependía de nadie, pero seguía teniendo que aguantar los gritos y el desorden de mi familia. Si conoces a alguien con un negocio familiar, sabrás que es casi imposible separar los conflictos que surgen en el trabajo de la vida familiar. Si has discutido por algo en el bar, la pelea y el malestar se aguanta hasta el día siguiente: no hay un lugar seguro para ti porque vives con tus compañeros de trabajo. Así que por primera vez pensé en mí, me enfrenté a ellos y tomé mi primera decisión inteligente: dejar el bar.

Un vecino había abierto el primer cíber del pueblo y necesitaba a alguien con algo de manejo para los fines de semana. Yo no tenía experiencia, pero aprendí muy rápido. Me encantaba ese sitio; en aquella sala de ordenadores por fin era alguien, y en mi tiempo libre podía indagar en Internet todo lo que quisiera y aprender nuevos trucos para

¿POR QUÉ A NOSOTRAS?

mi TCA descontrolado en los foros *Ana y Mía*. Lamentablemente, los trucos funcionaron y perdí 22 kilos en cuestión de cinco meses, pasé de ser invisible a ser el foco de todas las miradas. Durante más de quince años estuve obsesionada con mi físico y llegué a desmayarme reiteradamente por la gran falta de hierro que tenía, pero merecía la pena seguir porque todo el mundo no paraba de decirme piropos y halagos.

En cuarto, tenía que volver a repetir, pero, como el plan educativo no permitía que alumnos con la mayoría de edad lo hiciesen, me echaron. Este fue un punto de inflexión en mi vida. En ese momento no lo comprendí, pero ahora sé que fue lo mejor que me pudo haber ocurrido.

La contraseña de hoy es esta: 😶 🐛

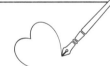

CUENTA TU HISTORIA

Las vueltas que da la vida

¿Ha habido algún momento que haya supuesto un cambio de inflexión en tu vida? Si es así, ¿cuál fue?

_____
_____
_____
_____

¿En qué situación te encontrabas hasta ese momento?
_____
_____
_____

¿Qué te hizo empezar a cambiar? ¿Qué cambios introdujiste en tu vida?
_____
_____
_____

¿Cómo te sientes ahora mismo respecto a aquella situación?
_____
_____
_____

QUÉ LLEVO EN MI BOLSO

La vida adulta no fue lo que esperaba. Entre las responsabilidades del trabajo, la familia, las amistades, los proyectos personales y el autocuidado, es fácil perder de vista nuestras propias fortalezas y habilidades. Sin darnos cuenta, nos despistamos y olvidamos todo lo que hemos logrado sin tener claro cuáles son las herramientas internas que hemos desarrollado para enfrentar desafíos.

¿POR QUÉ A NOSOTRAS?

Piensa en esos momentos en los que has tenido que organizar algo, gestionar una crisis o, simplemente, encontrar tiempo para ti misma. En cada una de estas situaciones has utilizado una combinación de habilidades que son únicas para ti: quizás tu capacidad para planificar y coordinar, tu paciencia y empatía, o tu creatividad para resolver problemas de manera rápida y eficaz. A lo largo de estos años he llegado a la conclusión de que para mí hay 11 habilidades imprescindibles para el éxito. Obviamente, es mi opinión; no debes tenerlas todas ni debes tener solo estas.

1. Confianza: el espejito

La confianza en sí misma es la base de todas las demás habilidades. Creer en tu propio valor te permite tomar decisiones con seguridad, enfrentar desafíos y defender tus necesidades y derechos. Dentro de mi bolso identifico la confianza como un espejito, un elemento para mirarnos y ponernos en valor. El espejo simboliza la autoconfianza y la capacidad de reflejar tu verdadera esencia. Te permite recordar tu valor y reafirmarte cada vez que te ves en él.

2. Resiliencia: la tirita

La capacidad de recuperarte de las adversidades es crucial en la vida. La resiliencia te ayuda a afrontar fracasos, a aprender de ellos y a continuar adelante

con una mentalidad positiva. Laura, mi psicóloga, siempre destaca esta cualidad en mí, y es verdad que hasta en las peores situaciones sé sacar algo bonito. En mi bolso la resiliencia estaría representada como una tirita muy molona. La tirita simboliza la capacidad de sanar y de recuperarse de las adversidades. Para mí es un recordatorio de que, aunque te caigas, siempre puedes levantarte y curar tus heridas.

3. Comunicación: los auriculares

La comunicación efectiva consiste en saber expresar tus ideas, sentimientos y necesidades de manera clara y asertiva. Aunque a veces pueda dar miedo el hecho de enfrentarte a los demás o de compartir tus pensamientos, considero de vital importancia trabajar esta habilidad. Se trata de aprender a decir que no, poner límites y expresar tus necesidades cuando lo requieres. También, por supuesto, engloba la capacidad de escuchar y comprender a los demás. En mi bolso serían unos auriculares para trabajar la escucha activa, con micro para proyectar mi propia voz.

4. Inteligencia emocional: los pañuelos

Esta habilidad engloba el reconocimiento y la gestión de tus propias emociones, así

como la comprensión y la empatía hacia los sentimientos de los demás. Para mí es la herramienta más costosa de trabajar, pero los resultados son increíbles. La inteligencia emocional es clave para construir relaciones sanas y tomar decisiones equilibradas. En mi bolso, estaría representada con un paquete de pañuelos de papel. Es un objeto que puede usarse para consolarte a ti misma o a otros, que refleja la importancia de estar en sintonía con las emociones.

5. Autocuidado: el pintalabios

La habilidad de cuidar de tu bienestar físico, emocional y mental es esencial para mantenerte saludable y feliz. El autocuidado supone establecer límites, practicar hábitos saludables y priorizar el tiempo para ti misma. Es una forma de decirle a tu subconsciente que te quieres y, por tanto, te cuidas. En mi bolso sería mi pintalabios favorito, pues es un recordatorio de que me estoy tomando tiempo para mí, para potenciarme y sentirme bien conmigo misma.

6. Adaptabilidad: el *powerbank*

El mundo está en constante cambio, y la capacidad de adaptarte a nuevas circunstancias, aprender cosas nuevas y ser flexible en tu enfoque es fundamental para que crezcas como persona y alcances el éxito, sig-

nifique lo que signifique eso para ti. Llevar siempre en el bolso una batería externa simboliza la capacidad de mantenerse conectada y activa en diversas situaciones. Es estar preparada para diferentes escenarios, como cuando necesitas recargar tu dispositivo en un lugar donde no hay una fuente de energía disponible.

7. Gestión del tiempo: la agenda

La habilidad de organizar tu tiempo de manera eficiente te permite equilibrar tus responsabilidades y lograr tus metas sin sentirte abrumada. El día tiene solo 24 horas, pero deberían ser suficientes para sentirte satisfecha al acostarte. La gestión del tiempo  incluye la priorización de tareas, el establecimiento de metas y la disciplina para seguir adelante. Sin duda, lo representaría con una agenda.

8. Pensamiento crítico: las llaves

El pensamiento crítico y la responsabilidad te permiten analizar situaciones de manera objetiva, tomar decisiones informadas y resolver problemas de manera eficaz. Abandonas el papel de víctima y te responsabilizas de tu parte en las situaciones que vives. Es crucial para tomar decisiones inteligentes en todos los aspectos de la vida. Lo representaría como un manojo de llaves, en el que reside la responsabilidad de gestionar lo que está al otro lado de esas puertas. En el ámbito del pensamiento crítico, esto se traduce en asumir la responsabilidad de tus decisiones y acciones. Al usar las llaves, tomas el control de tu entorno, igual que el pensamiento crítico te permite tomar el control de tus decisiones al analizar situaciones con objetividad y asumir tu parte en ellas.

9. Independencia financiera: el monedero

Tal vez el dinero no dé la felicidad, pero desde luego te lo pone mucho más fácil en esta vida. Tener habilidades básicas de gestión financiera, como la planificación del presupuesto, el ahorro y la inversión, te proporciona seguridad y te permite tomar decisiones sin depender completamente de otros. Sin duda, estaría representado por un monedero.

10. Empatía: las gafas

La capacidad de comprender y compartir los sentimientos de los demás es fundamental para construir relaciones sólidas y mantener un ambiente de apoyo en tu vida personal y profesional. Lo representaría con unas gafas de color, con las que entender, conectar y ver la vida con el color de los demás.

11. Autocompasión: la crema de manos

La autocompasión te permite reconocer tus errores y fracasos con empatía y sin juzgarte, lo que a su vez fomenta el aprendizaje y el crecimiento personal. Cuando la practicas, te das el permiso de ser imperfecta y de aprender de tus experiencias sin caer en la desesperación, esencial para mantener una perspectiva equilibrada, recuperarte más rápidamente de las caídas y seguir adelante con confianza y determinación. Para mí estaría representada como una crema de manos reparadora, ya que aplicarla es un acto de cuidado personal que refleja la importancia de tratarte con amabilidad y atención, especialmente en los momentos en que más lo necesitas.

La contraseña de hoy es esta: 🫠 🩹

¿POR QUÉ A NOSOTRAS?

ACTIVA TUS PODERES

¿Qué llevas tú en tu bolso?

Una vez explicada la parte teórica, te propongo este ejercicio para ayudarte a identificar y valorar todas esas capacidades y talentos que, aunque a veces pasen desapercibidos, están ahí, listos para ser utilizados cuando más los necesitas. No hace falta que incluyas todas estas herramientas si no sientes que las llevas en tu bolso, y siéntete libre también de añadir otras que no figuran en esta lista, representándolas como mejor creas.

Cómo realizar el ejercicio:

Paso 1: Preparación

Busca un lugar tranquilo donde puedas relajarte y reflexionar. Puedes acompañar este momento con música suave o encender una vela para crear un ambiente acogedor. Todo lo que necesitas es un boli, un papel y un ratito para ti.

Paso 2: Imagina tu bolso

Piensa en tu bolso, ese compañero que todos los días llevas contigo. Ahora, imagina que cada objeto en tu bolso representa una de tus habilidades o fortalezas. Vamos a llenar ese bolso con todo lo que te hace única y capaz.

Paso 3: Identifica tus fortalezas

A continuación, vamos a identificar esas habilidades y a representarlas con objetos comunes que podrías encontrar en tu bolso. Aquí tienes una guía para empezar:

1. **Confianza en ti misma - Espejito:** Visualiza un espejo compacto. Cada vez que lo saques, recuerda tu valor y reafirma tu confianza.

2. **Resiliencia - Tirita:** Coloca una tirita en tu bolso como un símbolo de tu capacidad para sanar y seguir adelante, incluso en las situaciones más difíciles.

3. **Comunicación efectiva - Auriculares:** Representa tu habilidad para comunicarte con unos auriculares. Simbolizan tanto la importancia de escuchar activamente como la de expresar tus pensamientos con claridad.

4. **Inteligencia emocional - Pañuelos:** Añade un paquete de pañuelos para recordarte la importancia de manejar tus emociones y ser empática con los demás.

¿POR QUÉ A NOSOTRAS?

5. Autocuidado - Pintalabios: Coloca tu pintalabios favorito en el bolso como un recordatorio de que debes cuidarte a ti misma, tanto por dentro como por fuera.

6. Adaptabilidad - *Powerbank*: Representa tu capacidad de adaptarte a los cambios con una batería externa. Estás preparada para cualquier cosa que se presente.

7. Gestión del tiempo - Agenda: Añade una pequeña agenda o un calendario para simbolizar tu habilidad para organizar tu tiempo y cumplir con tus compromisos.

8. Pensamiento crítico - Llaves: Lleva contigo un manojo de llaves que te recuerde tu responsabilidad de analizar situaciones y tomar decisiones con objetividad.

9. Independencia financiera - Monedero: Tu monedero es un símbolo de tu habilidad para manejar tus finanzas y tomar decisiones para tu independencia económica.

10. Empatía - Gafas: Representan tu capacidad para ver las cosas desde la perspectiva de los demás.

11. Autocompasión - Crema de manos reparadora: Guarda una crema de manos en tu bolso como un recordatorio de la importancia de tratarte con amabilidad y cuidar de ti misma en todo momento.

Paso 4: Reflexión personal

Después de elegir qué fortalezas llevas en tu bolso, tómate un momento para reflexionar sobre ellas. Piensa en cómo cada una de estas habilidades te ha ayudado a superar desafíos en el pasado y de qué manera puedes seguir utilizándolas en el futuro. Este ejercicio te sirve para tomar conciencia de las habilidades con las que ya cuentas, pero también para ser consciente de las que te falta trabajar para ser mejor.

Puedes escribir en un papel cómo has utilizado cada una de estas fortalezas en situaciones reales. Recuerda, este es tu bolso personal y único. No tienes que incluir todas las habilidades que mencioné si no te resuenan, y puedes añadir otras que consideres importantes para ti.

Paso 5: Lleva contigo tus fortalezas

La próxima vez que enfrentes un reto, recuerda que metafóricamente llevas contigo un montón de herramientas poderosas, habilidades que quizás no eras consciente que tenías, pero que ahora te acompañan en tu bolso. Quiero que cada día, cuando lo cojas, te sientas segura sabiendo que vas bien preparada.

¿POR QUÉ A NOSOTRAS?

Consejo extra: Algunas mujeres han incluido estos objetos cotidianos en el bolso como recordatorio, pero he pensado que puedes arrancar la siguiente página de este libro o recortar los objetos que consideres para llevarlos en tu monedero o escondidos en la carcasa de tu móvil. Cuando sientas que te faltan fuerzas o dudas de tus capacidades, simplemente abre esta hojita y piensa en lo que representan estos objetos. Son tus aliados invisibles, siempre contigo para ayudarte a afrontar lo que venga. ¡Disfruta del proceso y confía en la increíble persona que eres!

3.
La etiqueta que nunca pedimos

Cuando la vida nos sacude, puede llegar a ser muy difícil decidir qué dirección tomar para remontar nuestra situación. Nos sentimos tan noqueadas que no sabemos ver más allá de ese día a día oscuro y caótico. Cuando no parece haber luz al final del túnel, dar el primer paso puede ser aterrador. Pero hay que levantarse como sea y empezar a trazar tu propia hoja de ruta, pues ningún guardia de tráfico va a llegar con una baliza a indicarte el camino, ni mucho menos a llevarte por tu cara bonita a un lugar mejor.

Lo bueno de todo esto es que, una vez que pones un pie en el camino, y a este le sigue otro, ya no hay marcha atrás. Cuando decides iniciar tu propia travesía, cuando tomas las riendas de tu vida, no solo abandonas esa polvorienta senda cada vez más lejos, también dejas atrás a esa versión de ti que te lastraba y permites que florezca un nuevo tú en su lugar.

Después de tocar fondo tras mi etapa en el instituto, los siguientes años estuve muy perdida. Aunque los fines de semana ocupaba mi tiempo en el cíber, necesitaba algo que llenara mi cabeza el resto de los días.

Al cabo de un tiempo me presenté a una oferta de trabajo sabiendo que no cumplía los requisitos. Supongo que, al haber tenido que buscarme la vida todo ese tiempo, siempre he preferido **pedir perdón que pedir permiso**; así que una vez más le eché morro al asunto. Se trataba de un puesto de cajera en un supermercado donde pedían como mínimo tener la Educación Básica Obligatoria (ESO). Sin miedo al fracaso, me presenté en la entrevista y mentí a la chica de recursos humanos cuando afirmé que sí tenía la titulación; si me daban el puesto, ya lo solucionaría.

Al día siguiente me llamó para decirme que el trabajo era mío: «¡Contratada! Pásate por la oficina y déjanos la documentación». No me temblaron las piernas al pedirle el certificado de la ESO a una amiga. A veces me sorprendo de la capacidad de resolución que tengo en momentos de estrés. Lo escaneé y comencé a copiar y pegar con el Paint hasta cambiar su nombre y sus apellidos por los míos. Mientras le ponía esmero a mi arte digital, me sentía ridícula. En realidad, sabía que yo era una tía muy inteligente y que siempre me salía con la mía. ¿De verdad tenía que ser tan lamentable? Y allí, con diecinueve años, fue la primera vez que me **encontré preguntándome quién era yo realmente**.

Sabía que sin la ESO no iría a ningún sitio, así que me apunté a un programa educativo especial para que personas en riesgo de exclusión consiguiéramos el título. Fue una cura de humildad pasar de ser «la guay, la chulita y la malota de la clase» a sentarme con aquellos adultos marginados e inmigrantes sin papeles que luchaban por un futuro mejor, víctimas de violencia de género o personas en situación de pobreza que combinaban varios trabajos sin dormir para poder asistir a las clases.

Todas aquellas personas con historias brutales de superación eran ahora mis compañeros, y yo, ignorante, en lugar de aprender de sus vivencias, me sentía mejor que ellos, como si no tuvieran nada que ver conmigo. No tenía a ningún igual conmigo para seguir con mi rol, sentía que aquello no estaba a mi altura. Ahora me doy cuenta de que era yo la que no estaba a la altura de aquel regalo del universo.

¿No te ha pasado que, con el tiempo, al mirar hacia atrás, aquello que en su momento fue difícil se transforma en un aprendizaje supervalioso?

Me fascina cómo el universo, de repente, nos saca de ese bucle en el que nos encontramos atrapados, con un detonante inesperado que, en la mayoría de los casos, nos reinicia y nos da la oportunidad de comenzar algo nuevo.

Resultó que, de 257 alumnos, solo aprobamos doce personas, y eso me hizo **sentir poderosa por primera vez**.

Hasta entonces mi entorno había sido un pantano de lodo con aguas estancadas sin tierra fértil. Era prácticamente imposible aspirar a algo más allá de la cocina de mi bar. Pero, contra todo pronóstico, aquel pequeño logro se activó en mí como una semilla en el fondo del agua turbia y oscura. Acababa de brotar en la superficie de aquel estanque una pequeña rama verde. Me había transformado en un nenúfar, una planta increíble que, a pesar de las dificultades y desafíos, persiste y encuentra una manera de crecer y prosperar.

A lo largo de su vida, el nenúfar se adapta a los cambios estacionales y al nivel del agua. En tiempos de sequía, sus raíces se van hundiendo profundamente en busca de agua subterránea, mostrando su adaptabilidad y resiliencia. En tiempos de abundancia, sus hojas se expanden y florecen, mostrando su fuerza para prosperar y lucirse cuando hay buenas condiciones.

LA ETIQUETA QUE NUNCA PEDIMOS

En ese momento yo era un nenúfar y había llegado a una revelación importante que cambiaría mi vida para siempre: me había dado cuenta de que yo también poseía la capacidad de adaptarme y florecer en cualquier circunstancia. Por primera vez me había sentido poderosa y había tenido mi primer encuentro con el amor propio.

Sin embargo, aunque sostenía en mi mano la llave para avanzar, aún no tenía ni idea de quién era yo, ni a dónde iba, ni qué quería; solo sabía que me había sentido bien experimentando esa emoción tan nueva para mí.

La contraseña de hoy es esta:

MÍRATE BIEN

Y tú, ¿quién eres?

¿Realmente te conoces? Sé honesta contigo y responde sin juicios a las siguientes preguntas.

Defínete con 5 adjetivos:

1. _____
2. _____
3. _____
4. _____
5. _____

¿Cuáles son tus valores principales?

1. _____
2. _____
3. _____

¿Consideras que vives de acuerdo con tus valores y convicciones personales?

_____
_____

¿Tienes algún propósito vital, algo que le dé sentido a tu vida?

_____
_____

APRENDE A VISUALIZAR

Más adelante vas a descubrir por qué empecé a visualizar diariamente, pero antes de llegar a ese punto te enseño cómo trabajar el poder de la visualización, una herramienta esencial para moldear tu realidad.

La visualización es una herramienta poderosa que nos permite modificar nuestra realidad mediante la creación de imágenes mentales claras y detalladas de nuestros sueños, metas o situaciones deseadas. Se trata de utilizar tu imaginación para ver en tu mente aquello que quieres lograr **como si ya hubiera sucedido**. Esta práctica no es solo fantasía o soñar despierta; es una técnica utilizada por atletas de élite, personas emprendedoras o que buscan alcanzar objetivos específicos en su vida.

La visualización funciona porque nuestra mente no distingue claramente entre lo que imaginamos y lo que experimentamos en la realidad. Cuando visualizas algo de manera intensa y con emoción, estás entrenando a tu cerebro para crear las circunstancias que deseas.

Con la visualización, no solo te preparas mentalmente para lo que quieres, sino que también atraes las oportunidades y recursos necesarios para hacerlo realidad.

Pero ¿cómo es posible? Pues porque nuestro cerebro está diseñado para responder a las imágenes, las emociones y las experiencias, ya sean reales o imaginadas. Cuando visualizas un objetivo con claridad, tu cerebro lo procesa como si fuera **un recuerdo real**. Esto activa ciertas áreas del cerebro relacionadas con la motivación y la preparación, lo que a su vez influye en tu comportamiento, tus decisiones y las oportunidades que percibes a tu alrededor. También te sirve para mantener tu objetivo en primer plano, lo que **te ayuda a permanecer enfocada y motivada** incluso en los momentos de duda o dificultad.

Pero ¿y cómo empiezo? En realidad, es algo sencillo porque es algo natural que todos hemos hecho alguna vez en algún grado aunque solo fuera de manera inconsciente. Seguro que cuando eras pequeña te imaginabas en la noche de Reyes jugando con eso que querías y al día siguiente se convertía en realidad. La clave es llevarlo a cabo de manera intencional y dirigida. Te enseño a hacerlo en el siguiente ejercicio.

ACTIVA TUS PODERES

Visualiza lo que quieres conseguir

Paso 1: El lugar

Busca un lugar donde puedas estar sola y sin interrupciones durante unos minutos. Puede ser en tu habitación o en un rincón tranquilo de tu casa. Siéntate o recuéstate en una posición cómoda y cierra los ojos. Haz algunas respiraciones profundas para calmar tu mente y tu cuerpo. Inspira por la nariz contando hasta cuatro, mantén el aire contando hasta cuatro y exhala por la boca contando hasta cuatro nuevamente. Repite este ciclo varias veces hasta sentirte completamente relajada y presente en el momento.

Paso 2: Define tu objetivo

Piensa en eso que quieres conseguir. Puede ser una meta específica, como tener un nuevo trabajo, mejorar tu salud o superar un desafío personal. Lo importante es que este objetivo sea algo que realmente desees y que sea significativo para ti. Comienza a crear una imagen mental detallada de ti misma logrando ese objetivo. Imagina cómo te ves, dónde estás, quiénes están contigo y qué estás haciendo. Cuantos más detalles puedas incluir, mejor. Por ejemplo, a mí me calma mucho la ansiedad antes de ir a mis formaciones visualizar a las personas que han venido, sonriendo, felicitándome porque les ha encantado, etc. Son solo unos segundos, pero hace que mi cerebro crea que ya ha pasado ese momento y refuerza mi seguridad sabiendo que gustará lo que he preparado para ellos. Me da paz mental.

Paso 3: Métele emoción

La clave para una visualización efectiva es involucrar a tus emociones. No basta con ver la imagen en tu mente; también debes sentir las emociones asociadas con el logro de tu objetivo. Siente la alegría, el orgullo, la satisfacción o la paz que vendrían al alcanzar esa meta. Estas emociones son las que envían una señal poderosa a tu cerebro de que esto es algo real y alcanzable. Es muy importante que repitas este proceso varias veces para que sea efectivo. Dedica unos minutos cada día a visualizar tu objetivo, preferiblemente por la mañana al despertar o antes de dormir. Estas son las horas en las que tu mente está más receptiva y puedes profundizar en tus imágenes mentales.

Al principio, puede que te resulte un poco difícil concentrarte o que las imágenes no sean tan claras. Con la práctica, estas imágenes se volverán más vívidas y las emociones, más intensas. Y lo más importante, cree en el proceso; la intención es el ingrediente secreto e imprescindible para que sea efectivo.

Para regresar al presente mueve suavemente tus dedos y pies, y cuando estés lista, abre los ojos. Tómate un momento para reflexionar sobre la experiencia, sintiendo la confianza en tu capacidad de atraer lo que has pedido.

Consejo extra: *Tus primeras visualizaciones serán más pobres si no tienes mucha experiencia, pero sirven igual. Cada vez que te pongas a visualizar lo harás con más detalles, intenta fijarte en detalles sensoriales con los cinco sentidos: qué colores hay en tu visualización, qué sonidos se escuchan, si hay algún aroma o textura. Hay personas que llegan a saborear incluso lo que su cabeza proyecta. Cuando vayas cogiendo práctica, podrás sentir incluso las emociones; enfócate siempre en un pensamiento positivo y constructivo.*

4.
La espiral que nos atrapa

Es curioso como a veces nos esforzamos por agradar a los demás y hacerles sentir a gusto y, en cambio, somos incapaces de aplicarnos el cuento a nosotras mismas. Sonreímos, damos conversación, hacemos los favores que hagan falta, reconfortamos, intentamos comprender al otro sin juzgarlo…, pero nos olvidamos de que también necesitamos eso para nosotras mismas. Tratarse bien es fundamental para sentirnos bien y para seguir avanzando en nuestro proceso de transformación personal. Cuando te aceptas tal y como eres, cuando te tratas con compasión y dejas de juzgarte, te permites empezar a crecer y a ser tu mejor versión. De nada sirve que te regañes, te recrimines o te censures; hasta que no aprendas a verte y a tratarte bien, no sacarás nada bueno de ti misma.

Como ya te he contado, durante años he sufrido un trastorno de la alimentación. He vivido mucho tiempo obsesionada con mi físico, no solo por verme bien, sino para obtener la aprobación de los demás. Y es que nada mejor para la niña herida e invisible que vivía en mi interior que sentirse vista por la gente, aunque solo fuera por conseguir adelgazar y parecer razonablemente atractiva según los criterios de nuestra puñetera sociedad.

No dejes nunca en manos de los demás la forma en la que te ves a ti misma, pues siempre dependerás del resto para sentirte valiosa.

Antes de adelgazar, por aquel entonces, el mercadillo semanal de los jueves era mi centro comercial particular y, una vez al mes, mi madre me dejaba comprarme allí algo «barato y estrictamente necesario». Con mi talla solo había ropa de señora mayor con colores apagados y estampados aburridos, así que, después de probar suerte por si algo me encajaba, acababa en el puesto de la música comprando un casete pirata con las mejores canciones del momento.

A medida que íbamos creciendo, mis amigas empezaron a comprarse ropa superbonita y, durante varios años, tuvimos que viajar en bus durante una hora media desde el pueblo a la ciudad para ir de tiendas un sábado al mes. Nunca me compraba nada, me limitaba a mirar porque llevaba el dinero justo para el bus y la comida, y además nada era de mi talla. Recuerdo perfectamente la primera vez que entré en Bershka: me quedé fascinada con lo chulísima que era la tienda, llena de luces de colores, paredes con papel pintado con estampados de *animal print*, prendas de color rosa y música muy alta. Las dependientas eran guapísimas, iban supermaquilladas y en tacones, luciendo los últimos modelitos de la tienda: superempoderadas. ¡Ojalá sea como ellas algún día! (Spoiler: años después acabé siendo dependienta en esta cadena de tiendas).

Mis amigas vestían de BSK y se intercambiaban ropa entre ellas, pero yo siempre estaba fuera de esos planes por mi talla. Deseaba ser parte de ellos por encima de todo. Tanto que meses después me esforcé mucho en juntar algo de dinero para comprarme prendas de aquella tienda. Elegí unas deportivas rosas que, en cuanto me las puse, me sentí empoderada y parte de algo especial, aquello que me imaginaba que mis amigas sentían siempre que se probaban ropa.

Todo cambió cuando empecé a perder peso. Dejé de ser invisible y la gente me felicitaba por mi cambio corporal, lo que acabó convirtiéndose en una peligrosa trampa, pues buscaba y encontraba mi propia validación en los ojos de los demás. **Era como si, por unos segundos, pudiera limpiar unas gafas empañadas para verme a través de aquellos halagos**: «¡Menudo cambio!» o «¡Qué guapa estás!» eran frases que me impulsaban a seguir por ese camino.

Acabé desarrollando una dismorfia corporal terrible. Por fuera llevaba una talla 34, pero en mi mente yo seguía viéndome con una talla 46. Incluso buscaba prendas de esa talla en las tiendas, convencida de que era la mía, para comprobar luego lo grande que me quedaban. Había perdido por completo la noción que tenía sobre mí misma.

LAS HERIDAS DE LA INFANCIA

Nada me hacía sentir mejor que ver como la gente me piropeaba por mi cambio físico. La aprobación de los demás me hacía sentir vista y aceptada, por fin. Pero ¿por qué necesitaba a los demás para sentirme mejor conmigo misma? Pues por las heridas que acarreaba desde la infancia, en mi caso, la herida de abandono.

Lise Bourbeau, en su obra sobre las cinco heridas emocionales, identifica cinco tipos fundamentales que marcan profundamente nuestra personalidad y la forma de relacionarnos con el mundo. Estas heridas, que se suelen generar durante nuestra infancia, pueden moldear nuestras inseguridades y comportamientos de adultos. Aquí te las presento brevemente y te explico sus efectos.

HERIDA DE RECHAZO

La herida de rechazo se origina cuando un niño siente que no es visto o deseado, y esto le lleva a aislarse o a minimizar su propia presencia. En mi caso, esta herida creció al sentirme invisible dentro de mi familia. Recuerdo que incluso el día que me escapé, nadie notó mi ausencia, lo que me hizo interiorizar la idea de que mi presencia no era importante. Esta sensación de rechazo me llevó a esconder mis emociones, desarrollando un mecanismo de defensa que me hacía sentir que no merecía el cariño ni la atención de los demás.

HERIDA DE ABANDONO

La herida de abandono aparece cuando un niño percibe que sus figuras de cuidado no están disponibles emocionalmente. Al ser la menor de una familia absorbida por el negocio del bar, desde muy pequeña estuve sola. Pasar noches en el coche mientras mis padres cerraban el bar o depender de la bondad de vecinos para sentir algún tipo de compañía y cuidado fueron experiencias que profundizaron en mí la herida de abandono. Esto me llevó a desarrollar una dependencia hacia la validación externa: buscaba que mi padre me valorara por ser buena comedora. De ahí nació mi relación complicada con la comida, que se convirtió en una herramienta para recibir atención y cariño aunque fuera momentáneamente.

HERIDA DE HUMILLACIÓN

La herida de humillación surge cuando un niño experimenta vergüenza o desvalorización de su propia identidad. Yo experimenté esta herida en el colegio, donde constantemente sufría acoso por parte de mis compañeros. Al asumir responsabilidades en el bar que otras niñas de mi edad no tenían, me sentía menos digna de un entorno seguro y protegido. La falta de ropa adecuada y la necesidad de crear mis propias formas de ganar dinero desde pequeña me dejaron con una sensación de vergüenza respecto a mis necesidades y deseos, y me acostumbré a minimizar lo que realmente quería o necesitaba.

HERIDA DE TRAICIÓN

Esta herida aparece cuando un niño experimenta la falta de confianza o una traición emocional. El contexto de desorden y conflictos familiares que vivía hizo difícil confiar plenamente en el apoyo de los adultos que tenía a mi alrededor. Cuando comprendí la ausencia emocional de mi padre, siempre ocupado con el bar, y el agotamiento de mi madre, sentí que no podía contar con ellos para mi protección emocional. Esto me llevó a querer controlar mi entorno y a asumir una postura desafiante y autosuficiente, que me hizo parecer rebelde y «revientaclases» para protegerme de futuras decepciones.

HERIDA DE INJUSTICIA

La herida de injusticia se genera cuando un niño percibe que sus esfuerzos y habilidades no son valorados de manera justa. En mi vida escolar, sentí esta herida al no recibir apoyo académico ni emocional en casa, a pesar de mi habilidad natural para el aprendizaje práctico y el dibujo. Cuando intentaba destacar a través de mi creatividad, mi contexto familiar y social no reconocía mi potencial, lo que me llevó a una sensación de desamparo. Las críticas de algunos profesores, la falta de guía para mi dislexia y los comentarios de adultos que me decían que solo serviría para ciertos trabajos reforzaron en mí la sensación de que no merecía ser valorada y que mis logros no importaban.

Estas experiencias son la base de mis heridas de la infancia y explican los mecanismos que desarrollé para sentirme valiosa y visible. Sin embargo, al reconocer y comprender estas heridas, me permito el primer paso hacia la sanación, tomando el control de mis creencias y liberando el potencial que siempre ha estado en mí.

La contraseña de hoy es esta:

CUENTA TU HISTORIA

Las heridas que llevas en tu mochila

Aunque no las tengamos siempre presentes, todos cargamos con heridas de la infancia que condicionan nuestro comportamiento. ¿Cuáles son las tuyas? Responde sin juzgarte.

De las 5 heridas descritas anteriormente, ¿con cuáles te identificas?

_____
_____
_____
_____

¿Recuerdas cómo se originaron?

_____
_____
_____
_____

> ¿En qué te condicionan hoy en día?
>
> _____
> _____
> _____
> _____

TE MIRAS, PERO NO TE VES

Después de perder más de veinte kilos en tan solo unos meses, no era capaz de verme en el espejo con objetividad; cuando veía mi reflejo en algún escaparate, pensaba que no era yo. No me quería lo más mínimo y la necesidad de más atención y validación de los demás fue creciendo de manera descontrolada. Pensaba que, cuanto más delgada estuviera, más válida sería y entré en un bucle de obsesión que duraría más de quince años.

Me sentía menos invisible al ser piropeada por mi cambio corporal y buscaba constantemente mi propia validación con las opiniones de los demás. Era como si por unos segundos pudiera limpiar unas gafas empañadas para verme un poquito mejor a través de aquellos halagos: «¡Menudo cambio!» o «¡Qué guapa estás!» eran mis «frases impulso» para seguir, aunque tenía tal dismorfia que usaba una talla 34 y seguía buscando la 46 en las tiendas. Cogía una prenda, veía el tamaño y la descartaba pensando que no me valdría, pero después me estaba incluso grande. No era capaz de verme en el espejo con objetividad. Del mismo modo, cuando aparecía mi reflejo en algún escaparate, pensaba que no era yo. No me quería lo más mínimo, así que cada vez necesitaba más atención de la que ni yo

LA ESPIRAL QUE NOS ATRAPA

misma me daba. Me decía a mí misma: «Cuanto más delgada, más válida seré».

Al principio tenía que forzar mi nueva obsesión. Llenaba las libretas dibujando el cuerpo que quería, o pegando recortes de Kate Moss, el referente corporal del momento. Fíjate, en el baile de fin de curso de primero de la ESO, me tocó ser Geri Halliwell de las Spice Girls, que era «la gorda». Ahora veo su videoclip «Wannabe» y me doy cuenta de la locura que vivíamos las niñas a finales de los 90 y principio de los 2000.

Compraba compulsivamente todas las revistas que anunciaban trucos para adelgazar, dietas milagro y técnicas para tener un «cuerpo bikini». Recortaba todos estos artículos y los incluía en mi guía particular, aquella libreta del terror que aún conservo para no olvidar de donde vengo.

Los TCA son un problema de salud mental significativo y afectan a millones de personas en todo el mundo. Según estimaciones de la Organización Mundial de la Salud (OMS) y estudios recientes:

- **Cerca del 9 % de la población mundial** podría sufrir algún tipo de TCA a lo largo de su vida. Esto incluye trastornos como la anorexia nerviosa, la bulimia nerviosa y el trastorno por atracón, entre otros.
- **En cifras absolutas**, esto podría representar más de 700 millones de personas en todo el mundo. Más comunes

> entre los **12 y 25 años**, la adolescencia es el período de mayor vulnerabilidad.
> - **Alrededor del 4% al 6% de la población española** sufre algún tipo de TCA en algún momento de su vida. Esto representa aproximadamente **2 millones de personas** en España.
>
> Los TCA más comunes en España son la anorexia nerviosa, la bulimia nerviosa y el trastorno por atracón. Además, ha habido un aumento en la incidencia de otros trastornos relacionados con la alimentación, como la ortorexia y la vigorexia.

Las horas muertas que pasaba en el cíber donde trabajaba me permitían seguir estudiando los foros *Ana y Mía*. Mi objetivo diario era descubrir nuevos trucos para acrecentar mi trastorno, compartir con el resto de la comunidad mis avances y recopilar las fotos de los cuerpos que idealizaba en aquel momento en Myspace y Tumblr. Mi especialidad eran los trucos para no comer y para controlar la sensación de hambre, incluso llegaba a sentir placer cuando notaba esa molestia del estómago vacío.

En mi cabeza desordenada todo merecía la pena, porque en aquella comunidad de seudónimos anónimos sentía que era alguien importante, que mi opinión contaba. Desarrollé una gran capacidad de control, pasaba el día sin comer nada más que una manzana, y si algún día mi mente fallaba y comía algo «prohibido» automáticamente lo sacaba de mi cuerpo vomitando. En aquel momento etiqueté mi trastorno como bulimia, aunque sin atracones, pero años después mi psicóloga me confirmó que el nombre correcto es «anorexia purgativa».

Por primera vez en mi vida, creé una rutina diaria para conseguir mi patético objetivo. Cada mañana al levantarme tenía dos importantes tareas. Primero, medía cada parte de mi cuerpo con la cinta métrica de la costura de mi madre. Anotaba los cambios que, según mi criterio subjetivo, necesitaba para ser válida. Después me pesaba con la báscula de casa; por supuesto, mi estado de ánimo de ese día dependería del numerito que apareciera. Si era igual o menor que el día anterior, tendría un buen día. Si era mayor, sería tan malo que quizás ni me levantara de la cama. Registraba cada dato minuciosamente y llevaba un control absoluto.

MÍRATE BIEN

¿Cómo te llevas con tu cuerpo?

Nuestro aspecto físico puede llegar a condicionar, y mucho, la forma en que nos vemos y nos valoramos a nosotras mismas. Tendemos a juzgarnos sin fin sobre nuestro cuerpo, obsesionándonos con nuestros supuestos defectos, como si tuviéramos que ser perfectas todo el tiempo. Y tú, ¿qué relación tienes con tu físico? Responde con honestidad a las siguientes preguntas.

EL PODER DE VERTE BIEN

En general, ¿te sientes a gusto con tu cuerpo?
_____
_____
_____

¿Hay alguna parte de tu cuerpo que te gustaría cambiar?
_____
_____
_____

¿Alguna vez te has sentido insegura con tu cuerpo? ¿En qué tipo de situaciones?
_____
_____
_____

¿Alguna vez has cancelado un plan para no sentirte juzgada por tu cuerpo?
_____
_____
_____

Y ahora, mírate bonito y responde: ¿qué es lo que más te gusta de tu cara?
1. _____
2. _____
3. _____

LA ESPIRAL QUE NOS ATRAPA

¿Qué es lo que más te gusta de tu cuerpo?
1. _____
2. _____
3. _____

Caminar, bailar, quedar con tus amigos... No te olvides también de darle las gracias a tu cuerpo por todas esas cosas que te permite hacer:

Gracias por...

_____
_____

Gracias por...

_____
_____

Gracias por...

_____
_____

5.
Parecía amor

Los sábados se convirtieron en mi día favorito, era el momento en el que mi ego se llenaba de piropos de desconocidos. Tenía la cabeza desordenada, mendigaba atención de cualquiera e intentaba validarme con las opiniones de los demás. Mi imagen insignia por aquel entonces: mirada en ahumado negro intenso que disimulara el amarillo hepático de mis ojos, minifalda con tacones para alargar las piernas, total *look* negro que adelgazara la silueta, y el poco pelo que me quedaba por culpa de la anemia, hiperplanchado, impecable. Solía tardar dos horas y media en arreglarme y la inseguridad me tenía tan sometida que más de una noche, al llegar a la zona de bares, me volvía a casa antes de entrar en ninguno, dejando a mis amigas tiradas.

Con toda aquella vulnerabilidad a mis espaldas, una noche conocí al que sería mi primer novio. No puedo contarte gran cosa de nuestros comienzos porque, spoiler, me dejó tan destrozada que desarrollé amnesia disociativa, un mecanismo de defensa de nuestra mente: se borran parte de los recuerdos traumáticos para no sufrir. Así que mi cabeza ha borrado el 99 % de los recuerdos de esta persona. Empezamos coincidiendo varias semanas en la misma zona de fiesta. Comenzamos a bailar juntos varias noches, hasta que un día nos besamos y, desde ese momento, repetimos cada fin de semana. Yo creía que estaba en la relación más romántica del planeta, pero ahora sé que siempre fui su plan B. La dinámica era sencilla: él priorizaba a sus colegas con el discurso de «somos una pareja madura e independiente», y si después de pegarse la fiesta no conseguía ligar con nadie más, siempre podía llamar a la vulnerable Miriam, porque yo siempre estaba allí para él.

Me regalaba palabras bonitas para que me conformara, y yo con la autoestima por los suelos esperaba esa media hora al final de la noche con ansiedad. Estaba tan ansiosa por querer y que me quisieran que me fui adaptando a sus necesidades, moldeándome para encajar en su vida como fuera.

Si a él le gustaba que me peinara con la raya en medio, al día siguiente aparecía peinada así. Si le gustaba la estética afro, pues yo me hacía trenzas. Si aquella semana le encantaban los *piercings*, pues yo me hacía otro más. Tenía la misma personalidad que un ladrillo y, poco a poco, fui perdiendo mi identidad y creyendo que, sin él y su validación, yo no era nadie

Cuando me mentía, era evasivo o me trataba como una mierda. Yo siempre encontraba una razón para justificarlo, tenía tanto miedo de que se acabaran aquellas migajas de amor que me parecía un buen trato y romantizaba actitudes tan tóxicas como los celos; tanto que, si no se ponía celoso, a la mínima me molestaba. En el sexo, él mandaba, siempre tomaba el control y nunca se preocupaba de que yo disfrutase. A medida que pasaba el tiempo, me di cuenta de que para él mi rol en la cama se limitaba a ser sumisa y complaciente. Era como un estándar no escrito que yo debía cumplir sin cuestionar.

A menudo me encontraba en situaciones en las que, aunque yo no tenía ganas de hacer algo en particular, acababa accediendo a sus deseos. Me manipulaba sutilmente, planteaba ideas o actividades que sabía que no me agradaban del todo, pero que, al final, terminábamos realizando. Cuando no me apetecía, me persuadía con insistencia hasta que cedía. Sentía que mi propio deseo y placer quedaban en un segundo plano y él era el protagonista en aquella escena. ¿Te puedes creer que en tres años de relación jamás tuve un orgasmo con él?

Yo era totalmente inexperta, así que normalicé las peleas diarias como parte de las historias de amor que yo veía en las películas. A fin de cuentas, se parecía mucho a lo que había vivido también en mi casa. A veces me castigaba con silencio: se suponía que éramos pareja, pero no me contestaba durante días. Siempre seguíamos el mismo patrón: yo era sumisa, y cuando tenía un segundo de lucidez para reclamarle algo, entonces teníamos una superpelea que no acababa hasta que yo no me sintiera culpable. Siempre me hacía comentarios sobre mi apariencia. A veces iba demasiado guapa y otras, demasiado básica. Me maquillaba mucho, o no me maquillaba nada. Estaba más gorda, o tenía que comer más. Cada día era una historia diferente, pero él nunca estaba contento.

Me dejé atrapar en aquella relación tóxica, sin poner límites y, lejos de querer terminar con aquello, el subidón de serotonina que me daba la idea de que alguien me quisiese hacía que me sintiese cada vez más enganchada emocionalmente a él. Esa montaña rusa emocional y ese bucle de conflictos se alargaron tres años: tres años haciéndome sentir loca, secundaria y sin valor.

Nuestro último año juntos coincidió con mi transformación personal; cada vez me conformaba menos con sus migajas. Empecé a empoderarme sabiendo que yo era capaz de mucho, y cada vez que lo dejaba, volvía suplicándome con disculpas y promesas de cambio. La reconciliación se sentía increíble, como una droga que borraba todo lo que me había hecho anteriormente y siempre me premiaba con algún detalle romántico, como irnos de escapada, o incluso presentarme a su familia.

La contraseña de hoy es esta:

CUENTA TU HISTORIA

Esa historia de amor que nunca lo fue

Ahora que ya conoces cómo fueron mis inicios en esto de las relaciones sexoafectivas, ¿me cuentas un poco sobre las tuyas? Aprovecha este espacio para reconocer en palabras el daño que te hicieron y sacarlo fuera de ti.

¿Alguna vez has tenido —o tienes ahora mismo— una relación tóxica?

_____

_____

¿Qué te mantenía —o te mantiene— en ese lugar, a pesar del daño provocado?

_____
_____

¿Conseguiste salir de esa relación? Si es así, ¿cómo lo hiciste?

_____
_____

Si te encuentras ahora mismo en una relación tóxica, ¿qué es lo que te impide desengancharte de ella?

_____
_____

HUELE A TÓXICO

Si las situaciones que acabo de relatarte te resultan dolorosamente familiares, o estás pasando por un momento muy difícil, quiero que sepas que no estás sola. Sé que es fácil perderse y sentir que no hay salida, pero quiero que recuerdes algo muy importante: **eres valiosa, tu bienestar es lo más importante y mereces ser amada y respetada** en cada aspecto de tu vida. ¡Y tener orgasmos, muchos orgasmos! No tienes que conformarte con menos de lo que mereces. Hay ayuda disponible. Si te da vergüenza hablar con tus amigos o familia por miedo a volver a recaer, pide ayuda a un profesional de la salud mental, estarás en un espacio seguro sin juzgarte.

Si aún no tienes claro cómo funcionan las relaciones tóxicas, debes saber que, generalmente, se basan en dinámicas de poder y control, faltas de respeto y patrones de comportamiento que minan tu autoestima y tu bienestar emocional. Estos son algunos patrones típicos de las relaciones tóxicas:

1. **Control y manipulación:** Una de las partes intenta controlar a la otra, dictando lo que puede o no puede hacer, cómo debe comportarse, cómo vestirse, o con quién puede relacionarse. La manipulación emocional, como hacer sentir culpable a la otra persona para que cumpla con sus deseos, es común. Suele ser muy habitual en personas que ven en la pareja «el padre» que no han tenido en su infancia.

2. **Dependencia emocional:** Las relaciones tóxicas a menudo se caracterizan por una dependencia emocional extrema, donde uno o ambos miembros sienten que no pueden vivir sin el otro aunque la relación sea perjudicial. Esta dependencia puede ser reforzada por inseguridades, miedo a la soledad o una baja autoestima; suelen ser la típica pareja pegatina. Esa amiga que se echó novio y desapareció, y cuando quedáis se presenta con él incluso en los «planes de chicas».

3. **Falta de respeto:** Puede manifestarse en forma de insultos, desprecios constantes, o incluso humillaciones públicas o privadas. Si has sentido que hace apreciaciones constantemente sobre tu cuerpo, tu forma de vestir o al expresarte.

4. **Comunicación deficiente:** La comunicación en una relación tóxica suele ser disfuncional. Puede incluir gritos, amenazas, sarcasmo, silencios prolongados o la evasión constante de problemas. En lugar de resolver conflictos, estos comportamientos los agravan. Te dejo en visto, no te contesto o te monto el pollo porque sí.

5. **Celos y posesividad:** En muchos casos, un miembro suele ser extremadamente celoso o posesivo, lo que lleva a la desconfianza constante y a la necesidad de controlar a la otra persona. Los celos irracionales pueden desencadenar conflictos y comportamientos abusivos. Suele mirar tu móvil, tener el control de tus redes sociales, obligarte a poner el manos libres cuando hablas con tu amiga o repasar la galería de tu móvil si saliste sola la noche anterior.

6. **Ciclos de conflicto y reconciliación:** La mayoría de este tipo de relaciones sigue un patrón cíclico de conflictos intensos seguidos de reconciliaciones apasionadas. Este ciclo suele crear una adicción emocional, que te «engancha» a los altibajos de la relación. Publican fotos en redes superenamorados o las archivan todas compulsivamente.

7. **Autoestima destruida:** Con el tiempo, la autoestima de la víctima en una relación tóxica suele deteriorarse. Las constantes críticas, la falta de apoyo y el comportamiento abusivo hacen que la persona se sienta menos valiosa y más dependiente de la aprobación de su pareja. Te haces pequeñita, ya no tienes tu alegría natural o te sientes invisible.

8. **Aislamiento social:** En muchos casos, la persona tóxica intentará aislar a su pareja de amigos, familiares y otras redes de apoyo. Esto aumenta el control que tiene sobre la víctima y dificulta que esta

pueda ver su situación desde una perspectiva objetiva. Siempre habla mal de tus amigas, o te intoxica sobre ellas, critica a tu familia manipulándote con frases como «no te das cuenta de que tu madre...».

9. **Abuso emocional o físico:** En los casos más extremos suele haber abuso emocional o incluso físico. Humillaciones, amenazas, *gaslighting* (hacer que la otra persona dude de su propia percepción de la realidad). Se marcarán un «estás loca, ¿cómo puedes pensar eso de mí?».

MÍRATE BIEN

Reconoce lo bueno que hay en ti

Cuando, como me ocurría a mí, tienes la autoestima por los suelos, es fácil acabar cayendo en relaciones tóxicas, donde dejas de ser la prioridad de tu vida. Trabajar tu autoestima es una tarea compleja que debe abordarse desde varias áreas. ¿Qué te parece si empiezas por reconocer, de manera objetiva, todas esas cosas que te encantan de ti misma?

Aquí tienes un espacio para anotarlas:

1. _____
2. _____

PARECÍA AMOR

3. _____
4. _____
5. _____
6. _____
7. _____
8. _____
9. _____
10. _____

Consejo extra: *Escríbelas en un papel y tenlas siempre a mano: en la mesilla de noche, en tu bolso, en una foto en el móvil… Mírate al espejo y repítetelas a diario. Empieza a creer en ti y verás cómo las cosas poco a poco empiezan a cambiar.*

PARTE II:
EMPIEZA LA TRANSFORMACIÓN

6.
Cuando soñamos despiertas

Unos meses después de dejarlo con mi ex, conocí a Carmen, una chica que había tenido una vida muy similar a la mía. Las dos fuimos la típica niña gorda con gafas, de perfil pardilla, perfectas para recibir el acoso escolar del día. Era una mujer inspiradora, se había hecho a sí misma tras una infancia dura. Estaba empoderada, era decidida y tenía actitud de ganadora. La típica jaca con carisma hipnótico que te atrapa.

En medio de una depresión posruptura, había encontrado algo de motivación en los planes con Carmen. Salimos mucho de fiesta, matábamos el tiempo de compras (aunque solo mirábamos) y, con la poca autoestima que me quedaba, perdida por culpa de la toxicidad de mi relación, comencé a obsesionarme más si cabe por el físico.

Una de mis motivaciones menores era estar bronceada. En una ocasión, en nuestra pequeña obsesión tanoréxica por subir un tono más en la piel, fuimos a pasar el día a nuestra playa favorita. Aquel día en La Llana me preguntó sobre cómo me imaginaba mi vida cuando fuésemos adultas, yo me quedé unos segundos en el limbo y no supe contestarle. Nunca me lo había preguntado, ni siquiera era consciente de que podía soñar con otra vida diferente a la que me había tocado vivir. La única imagen que tenía era la que mi familia me había hecho imaginar: en la cocina de mi bar frotando las bandejas de los pollos asados y poco más. Había dado por hecho que mi futuro seguiría siendo como la vida que había estado llevando hasta ese momento.

«¡Hija, yo qué sé! Normal, como siempre. ¿Cómo te la imaginas tú?», le respondí. Ella comenzó a describirse con todo tipo de detalles. La ropa que llevaría, cómo sería físicamente, el color de su pelo y el largo de su melena. Me dijo que se veía con un *look* de ejecutiva, de falda lápiz por la rodilla y llevando un maletín en la mano. ¡Incluso describió el color y el modelo de coche que conduciría! Ella no tenía nada de aquello que proyectaba, pero lo decretaba con tal ímpetu que hubiera podido convencer a cualquiera de que su visión se haría realidad. ¿Por qué yo nunca había soñado así? Me quedé tan impresionada con aquel relato que lo único que salió de mi boca mientras nos reíamos fue un: «¡Tía, tú estás flipada!».

Flipada como Estée Lauder, que empezó formulando sus cremas en la cocina de su casa y se ha convertido en el mayor referente de cosmética de nuestro tiempo. Flipada como Rosalía, que no se conformó con el «no» y es un éxito mundial. Flipada como Chanel, que montó una pequeña sombrerería y es hoy la marca de lujo más reconocida.

Tumbada en la toalla comencé a imaginar, por primera vez, cómo sería mi vida ideal. Fui consciente en ese momento de que no sabía soñar. No me fui muy lejos en aquel imaginario para no frustrarme demasiado y de nuevo usé la lógica de forma intuitiva. Reflexioné sobre las cosas que se me daban «bien» para que la receta de mi sueño tuviese como ingredientes aquellas fortalezas.

Por aquel entonces no era capaz de creerme esto, pero he aprendido que **puedes tener la vida que sueñas**; y como dicen por ahí, lo imposible solo cuesta un poquito más. Te explico cómo.

VISUALIZACIÓN MATERIAL

Ya te he hablado del poder de la visualización y te he propuesto un ejercicio para que puedas empezar a practicarla. Ahora te invito a ir un paso más allá con la visualización material. ¿Quieres saber en qué consiste?

La visualización vívida, creativa o material —como la llamo yo— es una técnica avanzada de visualización que se enfoca en crear imágenes mentales tan claras, detalladas y realistas que tu mente las percibe como experiencias reales. A diferencia de la visualización básica, que implica imaginar una meta o situación deseada, la visualización vívida lleva este proceso un paso más allá, haciendo que la experiencia sea lo más completa y sensorial posible.

Esta técnica se utiliza no solo para visualizar el resultado final, sino también para experimentar mentalmente (e incluso físicamente) el proceso hasta llegar allí. Al hacerlo, programas tu mente para alcanzar tus objetivos y también te preparas emocional y psicológicamente para los desafíos que puedas enfrentar en el camino.

Pero **¿cómo funciona?** El poder de la visualización vívida radica en la forma en que involucra todos tus sentidos y emociones. Cuando visualizas de manera vívida, no solo «ves» tu objetivo en tu mente; también lo «sientes», «escuchas», «tocas» y «saboreas». Esta experiencia multisensorial envía señales poderosas a tu cerebro, reforzando la creencia de que lo que estás imaginando es posible y que, de hecho, ya está ocurriendo. Con esta técnica activas áreas del cerebro relacionadas con la motivación, la toma de decisiones y la resolución de problemas, lo que te ayuda a estar mejor preparado para hacer realidad tus sueños. Al involucrar tus emociones, creas un fuerte impulso emocional que te mantiene enfocada y motivada.

Pero **¿y cómo lo hago?** Si ya has practicado la visualización básica, estás lista para llevarla al siguiente nivel con la visualización vívida. Mi secreto es combinar la visualización en un lugar físico real que esté relacionado con mi objetivo y actuar de la forma más fiel posible representando eso que quiero conseguir.

Te lo explico con algunos ejemplos. Si mi sueño es que este libro sea un éxito de ventas, intentaría entrar en una caseta de la Feria del Libro de Madrid y sentarme a firmar imaginando que estoy en mi propia firma de libros. También me pondría frente a la superfila de seguidores de otro autor y me imaginaría que son mis lectoras.

Si tu sueño fuera dar una conferencia TED, iría al espacio donde se celebra el evento e intentaría por todos los medios subirme al escenario para desde allí arriba proyectar que estoy ahí porque han contado conmigo. Lo importante aquí es sentir las emociones, esos nervios previos o ese escalofrío que notas cuando sabes que lo has hecho genial.

Si mi objetivo fuera tener algún día un Porsche Cayenne, intentaría subirme a uno, conducirlo o incluso alquilar uno para vivir la experiencia de tenerlo al menos por unas horas. Haría una visualización sentada en él, sujetando el volante y sintiendo la emoción como si ya fuese mío.

Si mi objetivo fuera conseguir un trabajo en una empresa que admiro, intentaría ir a la empresa, pasearme por el edificio o visitarla en una jornada de puertas abiertas y, desde allí, visualizar que ya formo parte de eso.

¿Qué me dices, te animas?

La contraseña de hoy es esta: 🌚 ⚡

ACTIVA TUS PODERES

Escribe aquí qué meta te gustaría cumplir:
Por ejemplo, dar una conferencia multitudinaria.
_____
_____
_____

¿Qué podrías hacer para materializarla antes de cumplirla?
Ir a un espacio de conferencias de mi ciudad y subirme al escenario.
_____
_____
_____

> **¿Cuándo podrías llevar a cabo tu visualización material?**
>
> El jueves próximo, viene un famoso autor a mi ciudad y estará firmando encima de ese escenario. Con la excusa de ir a su firma, me subiré y sentiré que toda esa gente viene a escucharme a mí.
>
> _____
> _____
> _____

Pero había algo que aún me faltaba: la perspectiva de los demás. ¿Cómo me veían las personas que me rodeaban? ¿Qué cualidades proyectaba sin darme cuenta? Así nació una nueva idea, un ejercicio para descubrir cómo me perciben aquellos que más me importan. No se trataba solo de soñar, sino de entender cómo los demás veían en mí esas fortalezas que yo a veces pasaba por alto.

MÍRATE BIEN

Las gafas de corazón

Te presento unas gafas realmente especiales: unas que te pones y al instante logras ver con nitidez quién eres, qué amas hacer y en qué eres buena.

Con esta actividad, usarás tres gafas de corazón para reconocer tus talentos y habilidades.

Cada par de gafas representará una perspectiva distinta: lo que te gusta hacer, lo que otros valoran en ti y los dones naturales que te han acompañado desde siempre. Cuando completes este ejercicio, tendrás una visión total de ti misma y reconocerás tanto tus propias pasiones como las percepciones de tu entorno y tus talentos innatos. ¡Es hora de verte bien, desde el corazón!

1. Rellena los cristales de la primera gafa con dos habilidades o actividades que te encantan

Ponte la primera gafa de corazón y piensa en dos actividades o habilidades que disfrutes profundamente, aquellas con las que se te pasa el tiempo volando, te hacen sentir viva y conectada contigo misma. Escribe una habilidad en cada cristal de esta primera gafa.

Por ejemplo, a mí me encanta hacer fotos y comunicarme con mi comunidad, así que esas serían mis dos habilidades en la primera gafa. Escribiría en un cristal «FOTOGRAFIAR» y en el otro, «COMUNICAR». Estas actividades que te llenan de alegría suelen estar alineadas con tus pasiones más profundas. Cuando las haces, sientes que todo fluye con naturalidad y que te mueves en el mundo desde el amor.

2. Rellena los cristales de la segunda gafa con dos habilidades que otras personas valoran en ti

Ahora, ponte la segunda gafa de corazón. En este caso, quiero que les preguntes a dos personas que te miren bonito (amigos, familia, compañeros de trabajo...) qué dos habilidades o talentos consideran que tienes. Tal vez te sorprendas con tus respuestas, porque son cosas que quizás no siempre valoras en ti misma, pero que los demás ven con claridad.

Por ejemplo, mi entorno siempre me dice que soy buena escuchando y que tengo facilidad para motivar a las personas. Así que estas dos habilidades irían en los cristales de la segunda gafa: «ESCUCHAR» y «MOTIVAR».

Aunque a veces no seamos conscientes de nuestros propios talentos o los demos por hecho, los demás los ven claramente y los aprecian de otra forma.

Este paso te ayudará a entender cómo te perciben quienes te conocen y así podrás valorar esas habilidades que, aunque son naturales para ti, pueden ser especiales para otros.

3. Rellena los cristales de la tercera gafa con dos habilidades innatas que siempre has tenido

La tercera gafa representa tus talentos innatos, esas habilidades que has tenido desde siempre y que, de alguna manera, han estado presentes a lo largo de tu vida. Piensa en dos cosas que te salen de forma natural, sin esfuerzo, como si hubieras nacido con ellas. Escribe una en cada cristal de esta gafa.

En mi caso, escribiría en mis gafas «BAILAR» y «CONTAR HISTORIAS».

Piensa en tus fortalezas naturales, las que has desarrollado sin darte cuenta. Son parte de tu esencia y pueden guiarte hacia una vida más alineada con tu yo más profundo.

4. Observa cómo las tres gafas se conectan entre sí

Ahora que has rellenado los cristales de tus tres gafas de corazón, observa si hay algún patrón o conexión entre lo que amas hacer, lo que otros ven en ti y tus talentos innatos. Este es el momento de integrar todo lo que ves a través de tus gafas de corazón y empezar a descubrir tu visión más clara y auténtica. Si te encanta motivar a los demás, tu entorno reconoce que eres buena escuchando y, además, siempre has tenido facilidad para comunicarte, tal vez tu camino esté relacionado con ayudar a otros a través de la comunicación o el *coaching*.

5. Toma una acción concreta para empezar a desarrollar lo que ves con tus gafas de corazón

El siguiente paso es pensar en una acción pequeña pero significativa que podrías llevar a cabo para empezar a desarrollar alguna de estas combinaciones de habilidades. Puede ser algo tan simple como inscribirte en un curso o dedicar más tiempo a esa habilidad cada semana.

6. Visualiza una vida en la que usas todas tus gafas de corazón

Cierra los ojos e imagina que ya estás usando las tres gafas de corazón. En tu vida, te mueves haciendo lo que amas, aprovechando los talentos que los demás ven en ti y potenciando tus habilidades innatas. ¿Cómo te sientes al vivir plenamente alineada con estas tres visiones? Este ejercicio de visualización te permitirá conectar emocionalmente con tus metas y comprometerte con ellas.

Las tres gafas de corazón que has creado te permiten ver con claridad y amor diferentes aspectos de ti misma: al unir las tres perspectivas, puedes construir una visión más completa de tu vida y de las oportunidades que tienes para seguir desarrollándote. Recuerda que cada cristal de tus gafas representa una parte valiosa de ti, y que cuando las usas, ves con claridad lo que te hace única y poderosa. ¡El mundo se ve más bonito cuando te miras desde el corazón!

7.
Agradecer, incluso en lo difícil

Me refrescaba yo sola en el Mediterráneo mientras me repetía aquella pregunta: ¿cómo será Miriam? Salí mojada de la orilla y, al llegar a nuestras toallas, le tiré a Carmen unas gotitas de agua fría sobre la espalda. Despertó de un salto riéndose y regañándome por mi pequeña maldad. Me senté de nuevo en aquella jarapa sin sombrilla, cerré los ojos sintiendo el viento del mar y sonreí porque en aquel momento empecé a saber cómo sería mi vida. No tenía práctica visualizando, así que la visión de mi futuro yo no era tan detallada como la de mi amiga, pero me podía hacer una idea vaga si me ponía a ello. Yo soy una persona creativa, sabía dibujar y era muy graciosa y divertida (me avalaban años de amonestaciones como payaso oficial de la clase con las respuestas más rápidas e ingeniosas), así que era probable que mi futuro yo se dedicara a algo relacionado con la creatividad y quizás de cara al público. A todo esto se sumaba que me sabía los mejores trucos para conseguir las mejores propinas, de mis tiempos trabajando en el bar; a esa imagen de mi futuro se sumó la publicidad y el márquetin.

Y, por encima de todo, al ser hija de aquellos adictos al trabajo y haber tenido que buscarme la vida continuamente, sabía que sería emprendedora. Eso lo tenía claro desde pequeña, cuando un día mi madre me dijo que me pagaba 200 pesetas por pelar un cubo de patatas y, sin saberlo, armé un plan que es la base de cualquier *network marketing*. Cogí ese dinero, reservé la mitad para mí y las otras 100 pesetas las invertí en las chuches que vendían en la papelería Ana, las mejores del lugar. Llamé a mis vecinos, los que vi que estaban cualificados para coger un pelador, y le di a cada uno una chuchería por cada dos patatas que pelase. El que más pelaba, más chuches ganaba.

Finalmente, también tenía claro que quería ser alguien importante y que la gente reconociese el valor de mis actos. No tenía ningún referente, pero a mi padre se le llenaba la boca hablando de su amigo Jerónimo, un aparejador bastante popular en el pueblo con el que compartía años de amistad. Yo quería que mi padre hablara así de mí para por fin ser merecedora del cariño de mi familia.

Pero ¿por dónde empezar?

AGRADECER, INCLUSO EN LO DIFÍCIL

LA TORRE

La famosa Ley de la Atracción, que tiene el poder de cambiarlo todo, fue el comienzo. Seguro que has escuchado este término antes, pero, por si acaso, te lo resumo.

Imagina que tu mente es como una torre de transmisión donde tus pensamientos son señales de radio lanzadas al universo en forma de energía y vibración. Los pensamientos tienen dos frecuencias, positiva y negativa. Cuando piensas en cosas positivas, como tus sueños, tus metas o cosas por las que estás agradecida, tu torre de transmisión emite una señal positiva. El universo entiende que **tú das lo que quieres recibir**, así que estas señales pueden atraer más cosas buenas, como nuevas oportunidades, personas y situaciones favorables. Siempre bromeo diciendo que soy generosa, y paradójicamente lo hago por puro egoísmo, porque cuanto más generosa soy, más recibo del universo. Como cuando estás pensando en esa amiga que hace tiempo que no ves y, de repente, ¡te escribe! No tengo pruebas —pero tampoco dudas— de que el universo te escucha.

Por desgracia, la torre también funciona en la frecuencia negativa. Si te estás quejando continuamente, todo te molesta o no ves nunca nada bueno, seguramente tus pensamientos sean negativos. Ver la parte buena en algo negativo a veces puede ser muy difícil, pero debemos tomárnoslo como parte del proceso porque si no tu torre estará continuamente emitiendo una señal negativa y, por tanto, solo atraerás negatividad. Todas conocemos a personas que siempre se están quejando, todo les va mal y parecen no salir de un bucle de desgracias. Estas personas le están diciendo al universo que les va la marcha y que quieren más adversidades en su vida.

El universo te dará lo que tú le transmitas. Céntrate en fomentar un pensamiento positivo y verás como el universo responde con más cosas buenas para ti.

Esta ley se basa en la atracción entre similares, por eso es importante enfocarse en lo deseado y dejar en segundo plano lo que no se quiere. **Trabajar el pensamiento positivo** te ayuda a dirigir la energía y la atención hacia los objetivos y deseos, manteniéndote enfocada.

Pero ¿cómo se trabaja el pensamiento positivo? En el libro *Hábitos atómicos*, de James Clear, este autor te enseña a incluir pequeños cambios en tus hábitos diarios para conseguir mejoras significativas en la vida. Al hacer ajustes pequeños y consistentes en nuestras rutinas, podemos lograr grandes resultados a largo plazo y así desarrollar pensamiento positivo sin esfuerzo y casi sin pensarlo.

Puedes empezar por integrar en tu rutina estos cinco hábitos:

1. **Limpia tu círculo de personas tóxicas.** Muchas veces nos dejamos contagiar por la ansiedad de nuestra amiga, te duele la cabeza después de estar toda la tarde escuchando quejas y críticas, o acabas agotada cuando quedas con ese familiar. ¡Es normal! Por eso te recomiendo limitar los encuentros presenciales con estas personas que no te sientan bien energéticamente. Por desgracia, la toxicidad

es una epidemia mundial. Sé que las quieres muchísimo, pero ¿quedarías con ellas si estuviesen contagiadas de covid? Pues con la mala vibra, igual.

2. **Cuidar tu cuerpo** también es amor propio. En mi caso, por ejemplo, me ayudó muchísimo el libro de Sandra Moñino *Adiós a la inflamación*. Y, amiga, si yo he sido capaz de hacer pequeños cambios saludables que te hagan ser más activa y te ayuden a envejecer mejor, tú también puedes. Sal 30 minutos a caminar y, si no tienes tiempo, cambia el ascensor por las escaleras o aparca el coche más lejos de tu destino para caminar un rato más. Intenta beber más agua, puedes ponerte alarmas o cambiar bebidas azucaradas por agua. En la medida de lo posible, intenta eliminar los tóxicos que puedas de tu vida; si puedes, elige usar productos de cristal en lugar de los hechos de plástico para evitar llenar nuestro organismo de microplásticos. Intenta comer un poquito mejor: si tienes que comer fuera de casa muy a menudo, puedes cambiar un día de comidas copiosas por un *poke,* que suele ser más sano, aunque luego te comas un postre. Como dice mi amiga María Pérez Espín, la clave es mantener equilibrio y flexibilidad entre el «ochenta-veinte». Ochenta por ciento de hábitos saludables y veinte de esos caprichos que nos alegran la vida.

3. **Cuida tu mente.** Fundamental para mantenerte tranquila, lúcida y enfocada. A mí me ayuda mucho meditar quince minutos al día al despertarme, pero puedes buscar cualquier otro momento en el que estés tranquila en casa. También voy a terapia, donde me descargo emocionalmente, hablo de manera abierta sobre lo que me preocupa y sobre mis objetivos para mantenerme enfocada en ellos.

Además de esto, practico regularmente yoga, lo que me ayuda a vivir en el aquí y el ahora.

4. **Visualiza tus objetivos y sueños, y afirma cosas bonitas mirándote frente al espejo,** como «Soy valiosa», «Me amo» o «Soy bonita». Para adquirir este hábito puedes ponerte un pósit en el espejo y tu subconsciente lo leerá cada mañana. También puedes afirmar cosas cuando hables con los demás; si crees firmemente que eres un imán para el éxito, que eres abundante o que vives una vida extraordinaria y abundante, dilo a la primera de cambio ¡y verás como tu vida será cada vez más maravillosa!

5. **Practica la gratitud.** Escribe cada día tres cosas por las que dar las gracias en tu diario de gratitud. ¿No tienes tiempo? Mientras vas en metro o estás en el baño, aprovecha esos minutos para dar las gracias en lugar de pasearte por las redes sociales. ¿Que no tienes diario? Pues te regalo el mío, lo he diseñado exclusivamente para ti.

AGRADECER, INCLUSO EN LO DIFÍCIL

Al imaginar vívidamente tus objetivos con la visualización y sentir como si ya los hubieras alcanzado, ajustas tu torre de transmisión para transmitir señales positivas y atractivas al universo. Con la gratitud, te enfocas en las cosas por las que estás agradecida, emites una frecuencia positiva muy alta, brillante y constante, atrayendo más cosas buenas. Aunque yo practico las dos cosas, la que siento que me funciona mejor es la gratitud, así que cada día encuentro el hueco para vibrar con el universo a través de mis palabras y del movimiento de mi mano al escribir en mi diario de gratitud.

La contraseña de hoy es esta:

EL PODER DE VERTE BIEN

ACTIVA TUS PODERES

Acércate a tus objetivos

Puedes empezar ya mismo con estas sencillas pero poderosas prácticas. Aquí tienes un espacio para dar gracias por esas cosas buenas que hay en tu vida y para crear tus primeras afirmaciones, esas que te conducirán poco a poco a la vida que deseas y mereces.

Hoy doy las gracias por…
1. _____
2. _____
3. _____

Mis afirmaciones del día:
1. _____
2. _____
3. _____

Consejo extra: *Para que funcionen estas prácticas, debes repetirlas a diario. Ser constante y creer en ellas es la clave del éxito.*

AGRADECER, INCLUSO EN LO DIFÍCIL

ACTIVA TUS PODERES

Planificando tu altar

Es posible que mientras te explicaba cómo crear tu altar te vinieran a la mente los elementos que usarías para crear el tuyo. Aquí dispones de un espacio para anotarlos y así tener ya parte del trabajo hecho.

En mi altar tendré los siguientes elementos naturales:
_____
_____
_____

Estos elementos de intención:
_____
_____
_____

Y estos elementos a modo de guías espirituales:
_____
_____
_____

Lo colocaré en _____

8.
El amor empieza aquí

Me alegro de que todavía sigas aquí y no hayas abandonado el libro después de decirte que el universo va a ayudarte por tu cara bonita a conseguir lo que deseas. Lo cierto es que sí, va a hacerlo, pero tiene truco: debes confiar en ti misma, en que vas a lograr aquello que te propones gracias a tus talentos. La magia, amiga, también tiene sus límites, por poderosa que sea.

Para que tus deseos se concedan y puedas llevar tu vida al siguiente nivel, es imprescindible que creas que eso es posible. Y también verte como una persona capaz de alcanzar esos objetivos. Para ello, es fundamental que cambies tu forma de verte, que te mires con compasión y objetividad, que tomes conciencia de lo bueno que tienes. Solo así sentirás que mereces muchas más cosas buenas.

Sé que ahora mismo puede resultarte difícil creerme, o tal vez pienses que lo que digo suena demasiado bonito o fácil para ser verdad. También soy consciente de que la vida no siempre nos lo da todo en bandeja y que hay momentos en los que no sabemos por dónde tirar, que nos sentimos perdidas sin ningún lugar al que anclarnos. A pesar de la incertidumbre y la frustración que puede suponer una situación así, no saber qué hacer con tu vida tiene una incontestable parte buena: puedes hacer lo que quieras con ella. Así me sentía yo después de tocar fondo en el instituto. Me ilusionaba la idea de empezar de cero, de dejar atrás lo que había sido y empezar a construir una vida que me hiciera realmente feliz.

En este punto de mi historia es fundamental que te hable de mi amiga Isa. Ella también había repetido algunos cursos, pero al menos terminó la ESO. Se había ido del pueblo con la excusa de estudiar en la capital. Ella es un año más pequeña que yo, pero la conozco desde que iba a preescolar en mi mismo cole. Además, vive justo detrás de la calle de mi bar, así que más de una vez me subí a la reja de su casa para robarle los mejores nísperos de la zona.

Nuestra historia comenzó cuando yo repetí segundo de la ESO y empezamos a ir juntas a clase. Ella era la *hippie* del pueblo, con su cinta de rayas y sus calentadores de colores. Yo admiraba lo libre que era: se atrevía a vestir como quería, era decidida, incapaz de callarse ante las injusticias, y estaba empoderada. Una mujer que odias o amas, adelantada a su tiempo. Una amiga que siempre daba la cara por ti y, a respondona, no la ganaba nadie. Era fiel a los suyos y una amiga del alma que, sin saberlo ella, me cambiaría la vida.

En cuanto empezó a estudiar en la ciudad, me invitó a pasar unos días en su nueva casa. Vivía en el barrio de La Seda, en una habitación con la estética de un camarote de barco. Ahora ella tenía nuevas amigas, sus compañeras de piso. Salimos de fiesta todas juntas y por primera vez viví un «jueves universitario», aunque ninguna de las dos estábamos en ninguna universidad.

EL AMOR EMPIEZA AQUÍ

A la mañana siguiente, la acompañé a la mítica escuela de arte, en Vistalegre. Al atravesar la valla de aquel centro, me di cuenta al momento de que ese era mi lugar. Sin saberlo, me estaba visualizando en aquella rotonda convertida en centro de arte. Me fascinó ver la libertad creativa con la que trabajaban los alumnos. Aquí los «dibujitos», que según mi entorno me hacían perder el tiempo, tenían un gran valor. Había una exposición de ilustraciones en la entrada y hasta una sala llena de bustos y esculturas para poder dibujar de forma realista. Me explotó la cabeza al ver a aquellos alumnos con ropa tan diferente, pelos de colores, profesores con aire bohemio y hasta la cresta verdiazul del punki de mi clase.

Sin ser consciente entonces, empecé a visualizarme viviendo aquella vida cada noche. Al acostarme, cerraba los ojos y me imaginaba cómo sería mi vida formando parte de aquella comunidad de artistas, qué ropa llevaría y hasta cómo me sentiría con mis nuevos amigos.

Mi situación económica no era la mejor en ese momento. No tenía ingresos extras, salvo los que ganaba en los pequeños trabajos que me buscaba. No tenía habitación en ningún piso compartido, pero algo dentro de mí sabía que debía confiar. «Miriam, en peores hemos estado», me repetía continuamente, convenciéndome a mí misma de que, para conseguir aquello que tanto quería, debía aprender a confiar. Gracias a mi amiga estaba sintiendo en mi propia piel cómo sería vivir fuera del pueblo, con otro círculo, con otro rol. Podría ser quien yo quisiera, podría empezar de cero. Isa me había dado el impulso que necesitaba para matricularme.

Pasaba el verano y faltaban menos de dos semanas para empezar el curso. Seguía sin casa y sin dinero. Hice horas extras para ahorrar dando por hecho que me iba. Empecé a contarle a todo el mundo que me iba a vivir a la ciudad, decretándolo como si ya estuviese allí, porque iba a estudiar bachillerato, y aquella magia comenzó a surgir.

Dos calles atrás de la casa-barco donde vivía mi mejor amiga ya me habían asegurado que no se iría ninguna compañera, pero ¿casualidad? Un imprevisto de última hora hizo que se quedara libre para mí una habitación en el piso de otra compañera.

Cuando crees firmemente en un objetivo y te visualizas lográndolo, la magia comienza a surgir.

Aquellos dos años fueron maravillosos. Después de mucho tiempo, por fin encontré mi sitio y conocí a muchas compañeras que habían pasado por vivencias similares y que hoy en día siguen siendo mis amigas. Descubrí por primera vez la fotografía analógica, me impresionó muchísimo cómo aparecían las imágenes en el papel cuando revelábamos en aquel laboratorio de luces rojas.

Lo vivía todo apasionadamente y no podía entender como aprender una disciplina podía ser tan gratificante. Me quedaba embobada aprendiendo historia del arte. Con lo mala que había sido en mi etapa anterior como estudiante, ahora mis notas no bajaban del notable. En el aula de dibujo artístico tenía la sensación de estar en una máquina del tiempo. Nada más sentarme frente a aquel modelo petrificado, las horas pasaban como minutos. Y cuando descubrí lo que era una cámara oscura, me quedé tan fascinada que creé una en mi habitación haciendo un agujero en la persiana. Eran increíbles las noches, viendo el reflejo de las luces de los coches pasar por el techo como estrellas fugaces.

Tenía que mantener aquella vida de ensueño como fuera, así que trabajé en todo lo que me salía para lograrlo. Como la escuela tenía horario de tarde, antes de entrar repartía comida a domicilio con mi vieja Katana. Al salir del trabajo me iba directa a clase y, cuando terminaba, repartía para una pizzería de nuevo con mi *scooter*. Los sábados y domingos me iba a mi pueblo porque me tocaba trabajar en el cíber, pero a medio día hacía de refuerzo en el bar de mis padres y por la noche encontré trabajo en un búrguer con horario nocturno en la zona de fiesta de mi pueblo.

Todo mi tiempo lo dedicaba a trabajar, pero merecía la pena el esfuerzo porque, después de haber sido un fracaso escolar, me sentí valiosa en aquella escuela. Te aseguro que no fue fácil, hubo algún trimestre que me quedó alguna de las asignaturas más académicas, las de memorizar. Como era disléxica, no me resultaban especialmente sencillas. Pero finalmente aprobé sin problemas, ¡un curso por año! Aquella motivación me llevó también a sacarme el carné de conducir, que aprobé a la primera. Me motivé tanto con mis resultados que decidí presentarme a la EBAU, es decir, las pruebas de acceso a la universidad. Me sentía insegura porque había repetido tres veces y me habían expulsado del colegio. Había conseguido la ESO, pero por un programa especial, y la etiqueta de fracasada me pesaba mucho. De todos modos, pensé que no tenía nada que perder. Solo quería comprobar si era verdad lo que aquellos adultos habían sentenciado sobre mí: «Tú no vales para estudiar, jamás irás a la universidad». Así que me preparé por encima los exámenes, sin grandes expectativas.

Como te pasas dos años enfocada en este examen, no fue nada dramático. Lo hice lo mejor que supe y, para sorpresa de todos, aprobé. ¿En serio? Se me saltaron las lágrimas cuando vi aquel boletín, repasé de nuevo cada nota para asegurarme de que eran correctas. ¡No podía ser! ¿Podía ir a la universidad? ¿Los adultos no tenían la verdad absoluta sobre mí?

No podía contener mi alegría, me matricularía en arquitectura técnica para que mi padre estuviera orgulloso de mí. Después de todo, el único deseo de mi niña interior era tener el cariño y la admiración de mi familia. Así que proyecté con todas mis fuerzas cómo sería mi vida siendo aparejadora. No era del todo una vocación, pero era un gran objetivo.

Hasta entonces siempre había pensado que era una chica con suerte, ahora siento que nada es casualidad. Cada vez que mi cabeza se ponía a soñar cosas bonitas, estaba trabajando en la frecuencia positiva. Sin ser consciente de ello ya estaba pidiéndole cosas al universo, que me concedía porque yo «tenía mucha suerte». Después he aprendido a visualizar con tal fuerza que el universo no para de disponer para mí con su magia.

La contraseña de hoy es esta:

CUENTA TU HISTORIA

Deseos concedidos

Seguro que a ti también te ha pasado alguna vez. Soñaste con algo de manera tan tan fuerte que acabó haciéndose realidad.

Cuéntame, ¿qué deseo u objetivo que hayas tenido en el pasado se cumplió al visualizarlo?

_____
_____

¿Qué «casualidades» te llevaron a que ese deseo se cumpliera?

_____
_____

¿Cómo te sentiste al conseguir eso que tanto deseabas?

_____
_____

Tal vez en ese momento no fueras consciente de ello, pero estabas aplicando la visualización, la técnica de la que te he hablado anteriormente. Así que, si la magia se produjo ya en algún momento de tu vida, ¿qué te hace pensar que no volverá a ocurrir?

EL PARAGUAS

Pero para que esa magia funcione plenamente, es esencial que reconozcamos nuestro propio valor. Imagina que tu autoestima es como un paraguas que llevas contigo a todos lados: este paraguas es tu protección ante las tormentas de la vida, los juicios externos y las dudas internas.

La sociedad nos bombardea continuamente con sus estándares inalcanzables: cómo deberíamos vestir y qué cuerpo debemos lucir, con los labios más gordos, sin flacidez, arrugas, estrías, varices ni cicatrices. Debemos estudiar lo que a los demás les parezca exitoso aunque no nos haga felices. Hacer ese máster que cuesta un riñón aunque no sirva para nada. Preparar una oposición aunque tu ilusión sea tener una tiendecita online de pulseras. Trabajar en esa empresa de éxito con un contrato precario. Casarte aunque te vaya mal. Ser madre aunque no tengas instinto. Darle un hermanito a tu primer hijo. Viajar aunque tengas que pedir un préstamo. Envejecer, pero que no se note. Salir del armario, porque somos muy modernos, o no salir para no disgustar a tu padre. Nos dicen el tipo de relación que debemos tener, cómo ser la mejor madre, la mejor empresaria, la mejor amiga, ¡y hasta cómo ser en la cama!

Por desgracia, no podemos controlar la lluvia de mensajes que vemos en portadas de revistas, anuncios de televisión o redes sociales. Vidas idílicas, retratadas en fotos retocadas, y postureo. Al compararnos con todo ello, pensamos que nuestra vida es aburrida, insuficiente, básica y miserable. No, no podemos controlar esa tormenta mediática, pero sí podemos llevar en nuestro bolso el paraguas de la autoestima. La herramienta más potente para ser conscientes de la presión, pero mantenernos protegidas. Aquí es donde radica la importancia de reconocer y valorar quiénes somos y lo que traemos al mundo.

Reconocer tu propio valor significa conocer tus talentos, habilidades y cualidades únicas, en definitiva, un acto de amor propio. Significa tomarte el tiempo para reflexionar sobre tus fortalezas, tus logros y las cosas que te hacen sentir orgullosa. Es mirar hacia dentro con amabilidad y sin juicio, reconociendo tanto lo que te hace única como las áreas en las que puedes crecer. La autoevaluación te permite tener una visión clara de quién eres y de tu valía, lo cual es fundamental para desarrollar una autoestima fuerte y te hace comprender que tienes algo especial que ofrecer, algo que solo tú puedes aportar.

Este autorreconocimiento no es un acto egoísta o vanidoso, sino un pilar fundamental para construir una vida auténtica y satisfactoria; porque cuando nos valoramos, nos sentimos más seguros en nuestras decisiones, somos capaces de establecer límites saludables y nos permitimos perseguir nuestras metas con confianza. Una autoestima sólida también nos protege de depender excesivamente de la aprobación externa, lo cual es esencial para mantener relaciones sanas y evitar dinámicas tóxicas.

Sin embargo, muchas veces subestimamos nuestro valor cuando dejamos nuestro paraguas olvidado o cerrado, ignorando los talentos y capacidades que poseemos. Es importante que abramos ese paraguas y nos demos cuenta de su importancia, pues en él se reflejan nuestras habilidades, fortalezas y la percepción que tenemos de nosotros mismos. Con un paraguas sólido y abierto, podemos caminar seguros bajo cualquier tormenta, sabiendo que nuestra autoestima nos cubre y nos fortalece en cada paso que damos.

Ahora que ya estamos al día sobre la importancia de reconocer tu valor y potenciar tu autoestima, es momento de poner en práctica lo aprendido con el paraguas como símbolo de protección y fortaleza, porque, amiga, aquí hemos venido a conocernos.

Aprender a quererte implica saber ver tus talentos, cualidades y puntos fuertes. Porque sí, tienes muchísimos aunque te cueste verlos.

La contraseña de hoy es esta: 👀 ☂️

EL AMOR EMPIEZA AQUÍ

MÍRATE BIEN

Tus talentos al descubierto

Aquí tienes un espacio para plasmar cuáles son tus talentos, tal vez ocultos hasta ahora ante tus ojos.

Los talentos que veo en mí	Los talentos que ven en mí los demás

En la columna izquierda, anota esos talentos que reconoces en ti misma. Si te resulta difícil, puedes responder a las siguientes preguntas:

- ¿Qué logros te hacen sentir orgullosa?
- ¿En qué situaciones te sientes más cómoda y competente?
- ¿Qué tareas que a otros les resultan difíciles a ti te parecen fáciles?
- ¿Qué comentarios positivos recibes con frecuencia de los demás?
- ¿Qué habilidades has aprendido rápida y fácilmente?
- ¿Qué problemas disfrutas resolviendo?
- ¿Qué rol sueles asumir en los equipos?

En la columna derecha, anota los talentos que otras personas han destacado sobre ti. Tal vez algunos ya te los hayan expresado en el pasado, pero te animo a que le hagas esta pregunta a tu círculo de confianza: familia, pareja, amigos, compañeros de trabajo… Te aseguro que te sorprenderás.

Si me lo permites, añade estos en la columna derecha: valiente y generosa. Valiente porque, si tienes este libro entre tus manos, es porque quieres seguir creciendo o dejar atrás eso que ya no te aporta nada, y ese es uno de los actos más valientes que una persona puede emprender. Y generosa porque, al comprar este libro, no solo estás invirtiendo en tu propio desarrollo, sino que también me das a mí la oportunidad de acompañarte en este viaje, de modo que estás siendo generosa contigo y conmigo.

Una vez que hayas completado las dos columnas, dedícate un momento a reflexionar: ¿hay algo que te haya sorprendido? ¿Hay alguna coincidencia entre los talentos que tú reconoces en ti y los que otros ven en ti?

Tal vez hayas vivido mucho tiempo con una etiqueta equivocada, o pensando que eres menos valiosa de lo que en realidad eres. Pues bien, es momento de sacarte esas etiquetas y limitaciones de encima y empezar a creértelo un poco más.

Consejo extra: *Señala los talentos con los que te sientes más identificada y competente. Tenlos siempre presentes, pues seguramente es donde tu autoestima brilla más fuerte. Por último, descríbete con tres adjetivos que resuenen contigo.*

9.
Marcar los límites

Aquel primer año en bachiller, en que ya era una mujer independiente y fuera de mi pueblo, hizo que mi autoestima lentamente se fuese recuperando. El entusiasmo de cumplir mis pequeñas metas y conseguir los sueños que me había propuesto en mi trayectoria académica contagiaba de positividad el resto de los aspectos de mi vida. Motivarme en mi plano académico hizo que me motivara en el laboral y en el emocional. Pero en aquel momento seguía arrastrando aquella relación tóxica de idas y venidas que no me dejaba avanzar.

Cada vez estaba más desmotivada con el comportamiento de aquel intento de novio. Yo iba siendo consciente de que él se comportaba de manera irrespetuosa conmigo y, gracias a mis compañeras de piso, dejé de normalizar sus actitudes tóxicas.

Poco a poco me fui poniendo en valor; eran cambios mínimos, pero que cada día me hacían más fuerte. Antes no veía las *red flags*, pero ahora tenía la mirada más clara que nunca. Aun así, me dejaba embaucar por sus estrategias. Siempre pensaba que lo podría ayudar, que cambiaría por mí, pero cuando regresaba me sentía miserable por volver a ser humillada y no tener el coraje de marcar mis límites. Cada vez lo dejaba periodos más largos y, cuando estaba sin él, le pedía al universo que me diera fuerza para no volver con él, pues, aunque estaba enganchada hasta los huesos, en el fondo era lo que realmente quería. ¡Pero no podía dejarlo!

Pues ¡dicho y hecho! El universo me sacó de allí. Así que ponte cómoda, querida, que te cuento todo el salseo. Yo, como mujer dependiente emocional, volvía los fines de semana a mi pueblo para estar con él, aunque me apeteciera quedarme en mi nueva ciudad o tuviese un plan guay. Siempre ponía una excusa para irme con él. Una de las tardes que estábamos juntos en su casa me pidió que pasara el antivirus a su ordenador. Por mi experiencia en el cíber, me puse a ello, pero ¡sorpresa! El universo puso frente a mí la señal que le estaba pidiendo.

En aquellos archivos para borrar, me di cuenta de que había tres fotos para mayores de dieciocho años, tres imágenes eróticas subiditas de tono, tres «fotopollas» en primer plano, ¡vamos! Y tenía claro que era la suya, ya nos conocíamos, así que no tenía duda. A mí no me había enviado esas fotos porque sabía que yo era bastante reticente al tema (siempre me ha preocupado la huella digital y lo que pueda pasar con materiales sensibles). Aquel pene erecto activó mi lado CSI y, aunque me temblaba el cuerpo y sentía ardientes deseos de matarlo, respiré, mantuve la calma y procedí a hackearle el ordenador.

Pero ¿cómo una niñata de diecinueve años le hackea el ordenador a alguien? Siempre voy en modo esponja por la vida; como tengo complejo de tonta, me gusta ser lista, así que me gusta aprender de todo. Evidentemente, mi época cíber había dado para mucho.

MARCAR LOS LÍMITES

Abrí la app de Messenger de su ordenador y vi que, además de su correo habitual, el cucaracho se había hecho otro con un seudónimo más travieso. Mientras él estaba con sus cosas, le instalé una herramienta de primero de hacker, una app que registraba todo lo que se tecleaba. Solo tenía que esperar al día siguiente para leer la contraseña que él teclearía después de aquel *nick* tan sexy.

Y, evidentemente, hackearle el ordenador a alguien no es un comportamiento sano, como tampoco lo es revisar el móvil de tu pareja, pero estaba en una situación límite y sabía que, si le preguntaba por las fotos directamente, me iba a dar la vuelta a la situación como siempre había hecho.

En aquel momento, si me hubiera grabado una cámara, estoy segura de que me habrían nominado para el premio Actriz Revelación del Año de los Goya, porque el papelón que hice fue tremendo. Le dije que me dolía la barriga, le tuve que poner la cara más falsa de mi vida mientras me mordía la lengua y me aguantaba las ganas de escupirle en la cara, sonreí y me marché como si nada.

Te juro que tenía unas ganas de gritarle e irme en ese mismo instante, pero no sé cómo saqué la fortaleza para comportarme como una señora, tener paciencia y esperar al día siguiente. Después de todo, soy una escorpio vengativa, y la venganza se sirve en plato frío, ¿no?

Aquella noche no pude dormir de los nervios, tuve pesadillas y una rabia que me ardía en el estómago. Cuando volví a su casa, mientras se duchaba extraje los datos del programa y ¡bingo! Ahí estaba la contraseña de su cuenta de Messenger. Directamente, escribí la contraseña, inicié sesión y, aunque a mí se me hizo eterno ver aquel monigote verde dando vueltas, en tan solo tres minutos ya saltaron siete chicas hablando simultáneamente. ¿Qué? No podía creérmelo. Esperé a que viniera frente al ordenador para pedirle explicaciones, se quedó blanco y comenzó con sus mentiras habituales: «No he hecho nada, no he quedado con nadie, tengo ese Messenger porque tú eres muy celosa y no me dejas tener amigas, eres la mujer de mi vida, si me dejas me muero» y un largo etcétera de ridiculeces. Mientras, lloraba suplicando que lo perdonara.

La contraseña de hoy es esta: 🐸 🦄

Me fui de allí con el corazón roto, había vivido toda mi vida en una familia desestructurada sin referentes y pensaba que tenía una relación sana, confiaba en él a ciegas, era mi vida. Fue la primera vez que me dio un ataque de ansiedad y una parte de mí sentía tanto dolor que quería creerse aquellas mentiras, con la esperanza de que solo fuese un juego y realmente no hubiese pasado de un par de chats calientes.

Las siguientes semanas él no paraba de buscarme, me perseguía, llamaba a mis amigas, me esperaba a la salida del trabajo y siempre con mil promesas de amor. Me prometió que había borrado a todas aquellas chicas y que podía comprobarlo, así que lo hice. Entré de nuevo en su Messenger y vi que no había ni rastro de aquellas chicas, pero cometió un error. No había bloqueado los contactos y las chicas comenzaron a hablarme. Me puso en bandeja las conversaciones con sus ligues habituales, así que de nuevo a la escorpio vengativa se le ocurrió un plan magistral. Cada vez que una chica me hablaba, me hacía pasar por mi ex y le decía: «Cariño, mi novia me ha cogido mi teléfono para ver si me escribes porque no se fía de mí, escríbeme a este». Entonces le daba mi número y a los dos minutos tenía un mensaje de la chica en mi móvil. Cuando esto sucedía, la llamaba con sinceridad y le explicaba la situación: «Perdóname por haberte engañado, soy Miriam, lo he dejado con el cucaracho porque me he enterado de que me ha sido infiel con varias chicas y necesito respuestas. Sé que te pongo en un compromiso, pero si tienes un poco de empatía, necesito que me cuentes, ten por seguro que tu nombre no va a aparecer por ningún sitio, confía en mí, solo necesito abrir los ojos».

Algunas no querían decirme nada, pero la mayoría me contaron cuántas veces se habían acostado con él, detalles como que a veces él me había dejado en casa y se había ido con ella; una estaba con él desde hacía ocho meses; otra estuvo con él en un viaje, tres más cuando vivió unos meses fuera; contacté con una amiga de mi amiga; a otra la había conocido en mi ciudad... Hablé al menos con quince mujeres diferentes. Me rompió el corazón. Se rio de mí con su doble vida, haciéndome creer que nuestra realidad juntos era otra.

Nunca antes había experimentado un dolor tan profundo. Me sentía un trapo, algo que no servía, un deshecho para tirar a la basura. No solo había pisoteado mi autoestima, me había mentido durante tres años, me había traicionado ante todos, me había humillado con cualquiera. Ninguna de aquellas chicas tenía nada especial, algo por lo que yo justificaría de manera lógica que él hubiera traspasado una línea que yo jamás cruzaría, porque por supuesto me sentí culpable. Sentí ira y rabia, y lo odié con todas mis fuerzas. Después me sentí tan mal que estuve llorando tres semanas sin parar, metida debajo de mi escritorio. Nunca había llorado tanto. Solo bebía agua, comía lo justo para no desmayarme y salía de mi habitación al baño. Había entregado todo mi ser a un completo desconocido.

Me quería morir. Caí por primera vez en depresión y fueron unos meses muy difíciles, tanto que mi cabeza ha borrado los momentos más duros. Este desengaño también me enseñó por primera vez lo que era un ataque de ansiedad. Sinceramente, pensé que lo había superado al cien por cien, pero ahora que estoy llorando mientras escribo, me doy cuenta de que las heridas del alma se curan, pero dejan marca para siempre.

Durante al menos diez años más lo seguí odiando con todas mis fuerzas. No entendía por qué algunas parejas se llevan bien con los ex. Me había esforzado mucho en olvidar los momentos bonitos, dejé de romantizar aquellas mentiras y me centré en todo el daño que me había hecho para no volver con él.

Aquella relación tóxica me enseñó a marcar los límites necesarios para no olvidar que, en las relaciones, primero soy yo, por delante de cualquier persona.

Poco a poco me fui olvidando de él. Años después tuve una pareja y empecé a hacer terapia. Descubrí el Ho'oponopono y aprendí que toda esa rabia y negatividad no era buena para mí, así que la dejé ir. Un día, doce años después, le envié este mensaje: «Lo siento por todo el mal que te he deseado todo este tiempo, tenía mucho rencor por lo

MARCAR LOS LÍMITES

que me hiciste, pero te perdono, ya no te odio. Te doy las gracias por los buenos momentos y espero que te vaya bien».

Ahora estoy agradecida por haber vivido aquello, ese aprendizaje me ha enseñado a identificar las conductas tóxicas, saber lo que no quiero y marcar los límites que me recuerdan que cada día me tengo que querer yo antes que a cualquier pareja. Y mira, también hay que darle gracias a mi ex, porque seguramente tú y yo no nos habríamos conocido ni estaríamos compartiendo este libro, supongo que seguiría en mi pueblo, anclada en una vida indigna, a las órdenes de un narcisista.

CUENTA TU HISTORIA

Convierte lo malo en bueno

Después de muchos años y un profundo trabajo interior, por fin he logrado transformar esa horrible experiencia en algo bueno. En este ejercicio te invito a hacer lo mismo, a cambiar tu perspectiva para fomentar tu crecimiento.

Háblame de una mala experiencia que hayas tenido en tu vida, una que te marcara de forma profunda: una ruptura amorosa, un despido, una pérdida dolorosa en tu entorno…

_____
_____
_____

> Ahora, conviértela en algo positivo. ¿Cómo llegó a transformarte esa vivencia? ¿Qué fortalezas adquiriste? ¿Qué aprendiste de aquella situación?
>
> _____
> _____
> _____
> _____
>
> No se trata de ignorar el dolor ni ver la vida de color de rosa, sino de saber exprimir los malos momentos para extraer algo bueno de ellos.

HO'OPONOPONO

En estos años de crecimiento personal, no he parado de formarme. Una de las técnicas que aprendí explorando libros fue el Ho'oponopono. La palabra en sí es bien rara, pero da nombre a una técnica poderosa de origen hawaiano que tiene como objetivo la reconciliación contigo misma y el perdón. Su nombre se traduce aproximadamente como «corregir un error» o «hacer lo correcto». Esta técnica se ha popularizado en el mundo como una forma de sanar emociones y relaciones a través de la introspección y la limpieza de memorias y energías negativas, vamos, ¡el vaciar la mochila de toda la vida! Así que, como supongo que habrá alguna cosica que quieras sacar de tu mochila emocional, te resumo las ideas básicas de esta práctica:

MARCAR LOS LÍMITES

1. Responsabilidad

Hay que empezar tomando conciencia de que somos cien por cien responsables de nuestras experiencias. Responsable no significa culpable, significa que en tus manos se encuentra el poder y el deber de transformar tus circunstancias. No eres culpable de las desgracias que pueden ocurrirte, pero sí del papel que tienes cuando se desarrollan tus experiencias a partir de tus creencias, pensamientos y emociones.

Imagina que llegas tarde a una reunión importante porque había mucho tráfico. Lo más fácil es culpar al resto de los conductores o a la policía por no regular bien el tráfico. Sin embargo, cuando asumes tu responsabilidad, reconoces que podrías haber salido de casa más temprano o revisar el estado del tráfico antes de salir. Al tomar conciencia de esto, te das cuenta de que **tienes el poder de evitar situaciones que no te gustan** en el futuro, planificando mejor tus acciones y tomando mejores decisiones. Así, la responsabilidad se convierte en una herramienta para mejorar y aprender de tus acciones.

Asumir esta responsabilidad requiere un nivel de conciencia elevado, en el que dejamos de culpar a los demás o a las circunstancias externas por lo que nos sucede. En lugar de vernos como víctimas de las situaciones, nos empoderamos al reconocer que, al trabajar en nuestro interior, **tenemos el poder de cambiar nuestras vidas**. Esto implica una práctica constante de introspección, que nos hace preguntarnos qué memorias o patrones internos podrían estar contribuyendo a las experiencias que vivimos. En mi caso, por ejemplo, si estuve mal en esa relación tóxica fue porque yo lo permití al no poner límites; que él se portó fatal, sí, pero hasta donde yo le dejé que lo hiciera.

2. Los mantras de sanación

Para limpiar y sanar las memorias, se utilizan cuatro frases, que se repiten de manera consciente y con intención.

- **Lo siento.** Reconoces que algo (aunque no sepas qué) ha entrado en tu mente y necesitas sanarlo.
- **Perdóname.** Te pides perdón a ti mismo y al universo por lo que has hecho, consciente o inconscientemente, para atraer la situación.
- **Te amo.** Es una forma de transformar la energía negativa en amor. El amor es visto como la energía más poderosa.
- **Gracias.** Es una expresión de gratitud por la oportunidad de limpiar y sanar, confiando en que el proceso está ocurriendo.

3. Limpieza de memorias

El Ho'oponopono nos enseña que, cuando nos encontramos con un problema o una situación negativa, estamos en realidad reencontrándonos con una memoria que está pidiendo ser limpiada. El enfoque místico dice que estas memorias pueden ser conflictos que hemos vivido en vidas pasadas o en la herencia energética de nuestros ancestros, y que al limpiarlas repitiendo mentalmente el mantra, permites que la energía divina fluya y traiga casi de forma mágica las soluciones que beneficien a todos los involucrados.

Para practicarlo, intenta utilizar uno de los mantras expuestos en el punto anterior cuando tengas una discusión. Puedes repetirlos en tu mente o decirlos de viva voz; la energía cambiará y el conflicto se transformará en un acto de bondad.

MARCAR LOS LÍMITES

Por ejemplo, estás discutiendo con tu compañero del trabajo porque no ha hecho una tarea, os liais a discutir y la conversación se escala rápidamente mientras cada uno trata de demostrar quién tiene la razón. En medio de la discusión, recuerdas la práctica del Ho'oponopono, haces una pausa, respiras profundamente y, si eres mística, mentalmente repites el mantra: «Lo siento, perdóname, gracias, te amo». Aunque no lo digas en voz alta, te concentras en cambiar la energía de la situación y sientes que la tensión comienza a disiparse.

También puedes integrar estas palabras en la conversación. Con voz calmada, dices algo como: «**Lo siento** por el malentendido, **perdóname** por alterarme, solo quiero que encontremos una solución para avanzar juntos, pues creo que hacemos un buen equipo y **te aprecio** como compañero, y de verdad que **agradezco** tu esfuerzo». Al actuar de esta manera, no solo cambias la dinámica de la conversación, sino que también desactivas el conflicto y abres la puerta a una solución que beneficia a ambos. Tu compañero, al sentir esta energía más tranquila y abierta, también baja la guardia y la discusión se convierte en una conversación constructiva. No solo has limpiado la memoria subconsciente que estaba alimentando el conflicto en el enfoque místico, sino que has transformado una situación tensa en una oportunidad para la resolución y el entendimiento mutuo.

4. Conexión con lo divino, liberación y paz interior

Ho'oponopono implica una conexión con lo divino, sea cual sea la forma en que lo concibas. Al practicarlo, se busca abrir un canal de comunicación con esa **energía superior**, que interviene y realiza el trabajo de sanación. Después de practicarlo, es importante **soltar** y **confiar**. No es necesario controlar ni esperar un resultado específico. Se cree que, al soltar, permites que las soluciones perfectas emerjan naturalmente, ya que el objetivo final del Ho'oponopono es alcanzar la paz interior. A medida que te limpias y sanas, te liberas de cargas emocionales y conflictos internos, permitiendo que la paz mental fluya en tu vida.

Si te das cuenta, esta herramienta mística tiene los mismos valores que la mayoría de las religiones que conocemos. Por ejemplo, si eres católica, confías en Dios (tu energía superior) para conseguir paz interior, dándole gracias, reconociendo tus pecados para el perdón y amando al prójimo.

La contraseña de hoy es esta:

ACTIVA TUS PODERES

Practica el Ho'oponopono

Alcanzar la paz interior y resolver conflictos de forma serena no sucede de la noche a la mañana, pero como todo, se entrena. Hoy quiero proponerte un ejercicio más elaborado para que pongas en práctica esta técnica y descubras el poder que tiene el Ho'oponopono para transformar tu energía y tus relaciones.

Paso 1: Reconoce el conflicto

Piensa en una situación reciente que haya generado tensión en ti. Puede ser una discusión con alguien cercano, una frustración en el trabajo o incluso un sentimiento recurrente que te hace ruido. Escríbelo en un papel, pero no te centres solo en lo negativo; describe también cómo te sentiste y qué emociones surgieron. Por ejemplo:

- «En el trabajo, un compañero me interrumpió varias veces durante una reunión, haciendo que me sintiera ignorada y sin valor».

Paso 2: Asume tu responsabilidad

Reflexiona sobre el papel que has jugado en esa situación. Recuerda que asumir responsabilidad no es culparte, sino reconocer cómo tus pensamientos, emociones o acciones han contribuido a mantener o intensificar el conflicto. Pregúntate:

- ¿Qué podría haber hecho diferente?
- ¿Qué pensamientos estaban alimentando mi malestar? Por ejemplo:
- «No me atreví a levantar la mano y pedir la palabra. Me quedé en silencio y me sentí frustrada en lugar de expresar lo que quería decir».

Paso 3: Limpia con los mantras

Cierra los ojos, respira profundamente y repite los mantras: «Lo siento, perdóname, gracias, te amo». Mientras los dices, visualiza la situación como una escena en tu mente. Imagina que limpias la energía negativa que sientes hacia tu compañero y hacia ti misma. Si lo prefieres, escribe las frases varias veces en un papel, como un ritual de limpieza emocional.

Paso 4: Transforma la energía del conflicto

Imagina que estás hablando con tu compañero (o contigo misma, si el conflicto es interno). Redacta una versión del diálogo donde uses palabras que reflejen los mantras. No hace falta que utilices las frases exactas, puedes adaptarlas. Por ejemplo:

- «Lamento no haber dicho nada en la reunión y quedarme callada cuando quería participar. Perdóname si ahora siento frustración hacia ti, sé que no fue tu intención hacerme sentir mal. Agradezco que siempre aportes ideas al equipo, y espero que podamos tener una conversación donde todos nos expresemos con calma».

Si el conflicto no puede abordarse directamente con la persona, escribe una carta simbólica para soltar y liberar la carga emocional.

MARCAR LOS LÍMITES

Paso 5: Reflexiona y suelta

Después de practicar el ejercicio, escribe cómo te sientes. ¿Qué emociones han cambiado? ¿Sientes más claridad o calma? Reconoce los pequeños avances. El objetivo es trabajar en tu paz interior, no buscar una solución inmediata.

Consejo extra: *No tienes por qué usar estas palabras de forma literal si te sientes incómoda, puedes recurrir a variaciones con significado similar. Por ejemplo, en lugar de decir «te amo», puedes decir «te aprecio», «te valoro» o «me importas».*

Consejo extra: *Para integrar esta práctica en tu vida diaria, puedes crear un pequeño ritual:*

1. *Busca un objeto simbólico que represente tu intención de sanar (una piedra, una vela o un papel con las palabras «lo siento», «perdóname», «gracias», «te amo»).*
2. *Cada vez que enfrentes un conflicto o una emoción difícil, sostén ese objeto mientras repites los mantras.*
3. *Termina la práctica haciendo una respiración profunda y con la frase: «Libero esta energía y confío en el proceso».*

4. Cada vez que pongas en práctica el Ho'oponopono, estarás soltando un poco de esa carga emocional que todos llevamos.

Recuerda: no es necesario que todo se resuelva de inmediato. Lo importante es liberar la energía negativa, aprender de cada experiencia y reconectar con tu paz interior.

10.
Donde menos te lo esperas

Había aprobado bachiller, el carné de conducir y la selectividad. ¡Me sentía imparable! Así que me matriculé en la universidad para hacer la carrera de arquitectura técnica. ¡En la universidad! Ahora podría callar las bocas de todos los profes que me decían que nunca lo conseguiría. Aunque estudiar arquitectura no había sido ni de lejos el sueño de mi vida, veía la admiración que sentía mi padre por su mejor amigo, que era aparejador. Así que pensé que, si yo estudiaba lo mismo, mi padre me miraría con aquellos ojos.

Como no pensé en mí, me equivoqué. De nuevo mi niña interior mendigó amor y esperó las migajas emocionales que aquel padre ocupado tendría para mí si estudiaba aparejadores, algo de lo que yo creía que se sentiría orgulloso. Elegí mal, pues en lugar de potenciar mis talentos creativos, me encerré en una caja de tecnicismo con clases que me resultaban aburridas.

Como era de esperar, cursar estas asignaturas tan metódicas no se me dio bien y comencé a sentirme de nuevo como la fracasada del instituto.

Me costaba mucho concentrarme, no me sentía capaz y tenía mucha ansiedad por no cumplir las expectativas que yo misma me había impuesto. Tenía miedo de decepcionar a mi padre, y en mi cabeza se planteaban cuatro millones de escenarios catastróficos cada vez que afrontaba el tema. Esos escenarios no eran reales, pero yo sufrí como si lo fuesen. No sé si has visto *Inside Out 2*, pero la ansiedad de la peli es exactamente como la mía. Supongo que era normal que me sintiese así después de cargar con toda la mochila de miedos que llevaba a mis espaldas.

Venía de mi primera relación con la autoestima tocada después de todas las humillaciones que había vivido. Mi TCA regresó con fuerza, comencé a obsesionarme con mi físico y me encontraba en un estado de ansiedad continua. Nunca me habían gustado mis pechos porque eran muy diferentes a los de mis amigas, tenían una forma muy extraña. Cada vez veía más claro que antes o después me operaría. Comencé a buscar información, visité a varios cirujanos de mi ciudad y me decidí por la doctora Paloma Ramón, que me explicó que mis pechos no eran feos porque sí, se trataba de anomalía física, una malformación congénita de nacimiento llamada «mamas tuberosas». ¿Qué? ¡Nadie me había hablado de esto en mis diecinueve años de vida! Ni siquiera los cirujanos a los que había consultado me lo habían explicado. Casualmente, en la última visita fui a dar con una de las mejores expertas en el tema del país.

Supongo que nadie se dio cuenta porque yo ocultaba mi cuerpo en cualquier situación. No me duchaba en el gimnasio para no exponerme, vestía ropa negra y holgada para no marcar mi cuerpo. Nunca me cambiaba frente a mis amigas y muchas veces me perdía los mejores planes, como ir a la playa, algo muy común viviendo en un pueblo con mar. Rechazaba los momentos de intimidad después de quedarme soltera y, si finalmente llegaba a intimar algo más, siempre era con la luz apagada y con el sujetador puesto. Me sentía muy insegura y continuamente tenía pensamientos intrusivos que cambiaban mi estado de ánimo. En ocasiones tenía que volver a casa si no me sentía bien.

Este complejo no me dejaba avanzar, así que necesitaba ponerme en manos de Paloma. Mientras intentaba ahorrar para poder operarme, seguí con la investigación sobre este tema durante un año. Casi a diario escribía y consultaba foros donde hablaban de casos similares y manifestaba con intención juntar todo aquel dineral lo antes posible. Según mis cálculos, si continuaba trabajando duro, tardaría cinco años en conseguir el importe total. Me parecía una meta inalcanzable, pero decretaba diariamente con fe, como si ya tuviese el dinero. Imaginarme sin mi problema me hacía sentir que retomaba el control de mi vida y bajaba mi nivel de ansiedad.

Entre aquellas investigaciones, leí que la Seguridad Social cubría este tipo de operación por malformación congénita. Pedí cita a mi médico de familia, que me dijo que no tenía nada en dos ocasiones, hasta que le expliqué que ya me había informado. Le debí parecer tan experta en el tema que finalmente accedió a darme el volante para la cita con el especialista. Después de cuatro meses en lista de espera, me llamaron de la consulta de cirugía plástica y quemados. Estaba supernerviosa y apenas había podido dormir la noche anterior: había llegado el día. Tanto tiempo decretando mi sueño y ya estaba materializándolo. Mi sorpresa fue máxima al cruzar la puerta y ver que me esperaba Paloma Ramón. ¡La misma doctora para la que llevaba ahorrando durante meses!

El universo se había confabulado para cumplir mis decretos, no podía creérmelo. ¿Qué posibilidad hay de que aparezca el especialista que quieres en la consulta del que te han derivado? Qué cosas tiene la vida. Me confirmó que me operaría y no pude evitar llorar de emoción. Pasaron los cuatro meses más largos de mi vida esperando a que llegara el día. Entré con muchísima ilusión en el quirófano. ¡Por fin! Allí dejé parte de aquella niña insegura. Había reconstruido mi pecho y, a pesar de las cicatrices, me parecía lo más bonito del mundo.

Cuando decretas con intención, el universo se confabula para darte eso que tanto deseas.

Me pasaba horas mirándome desnuda frente al espejo. Parecía estar en un Halloween especial, con aquellos pechos amoratados llenos de cicatrices y, sin embargo, me resultaba fascinante mirarme. Fue la primera vez que sentí belleza en algo de mi físico. Aunque el autodiálogo era bastante duro cuando me fijaba en otras partes de mi cuerpo, por unos segundos me sentía en libertad.

Aquella sensación poderosa me llevó a obsesionarme más aún con mi cuerpo. El pico de serotonina que sentí en la cama del hospital, mientras apenas podía respirar por la presión del vendaje, trajo a mi cabeza un listado de partes de mi cuerpo que debía operarme; un sinsentido por el que sufrí mucho.

Durante los siguientes años, me pagué la carrera y los gastos de vivir en la ciudad e intentaba ahorrar para mi absurda obsesión corporal.

DONDE MENOS TE LO ESPERAS

Trabajaba de noche como azafata de imagen e iba de un sitio para otro con mi Seat Ibiza tres puertas; la mayoría de las veces, en fiestas patrocinadas por alguna bebida alcohólica, mi función era sencilla: publicitar una marca, entretener a los clientes y animar a consumir a cambio de un maravilloso regalo publicitario. El trabajo estaba muy bien pagado y gracias a él fui a los lugares más recónditos y conocí a las personas más extrañas del mundo. De todos modos, empecé a cansarme de conducir de madrugada. Además, muchas veces iba sola, no conseguía convencer a alguna amiga para que me acompañara.

De nuevo recurrí a mi estrategia de manifestar con intención y comencé a visualizarme trabajando en algo más estable y más cerca de casa. Se me ocurrió que sería genial trabajar con mi mejor amiga en la discoteca de moda. Pues ¡dicho y hecho! Una vez allí, apareció un muchacho con un pinganillo y pinta de jefe, al que directamente le grité desde el otro lado de la barra: «¡Oye, pinganillos! ¿Tú eres el jefe?». El chico se echó a reír por aquel mote y asintió. «Pues mi amiga la rubia y yo queremos trabajar aquí, ¿qué tenemos que hacer?». Estaba claro que no me quedaba ni un poquito de vergüenza después de tantos años buscándome la vida. Aquel jefe se echó a reír de nuevo y nos dijo que empezábamos al día siguiente.

¿En serio? ¿Cómo podía tener tanta suerte? No habíamos trabajado nunca en ninguna discoteca, salvo dos noches puntuales repartiendo *flyers* de un pub. Sea como fuere, el jefe tuvo buen ojo, porque lo hice tan bien que a los seis meses acabé siendo la coordinadora de 22 relaciones públicas. El jefe y yo seguimos siendo grandes amigos, entre otras muchas cosas porque aquel mismo verano le presenté a una relaciones públicas de mi equipo; desde entonces no se han separado, es su actual mujer y madre de su hijo. ¡Más de quince años llevan juntos por mi culpa!

La contraseña de hoy es esta:

CUENTA TU HISTORIA

Tu momento de serendipia

Seguro que a ti también te ha ocurrido algo parecido en algún momento de tu vida. Un deseo que se cumple por voluntad divina, como si todos los planetas se alinearan para ti.

Cuéntame, ¿qué deseo sientes que te concedió el universo sin que tú hicieras —al parecer— gran cosa para conseguirlo?

_____
_____

¿Cómo ocurrió? ¿Qué pensamientos tenías? ¿Hacías algún tipo de ritual?

_____
_____

DONDE MENOS TE LO ESPERAS

¿Cómo te sentiste al conseguirlo?
_____
_____

DECRETAR

Seguro que has sentido mil veces que todo está fuera de tu control, que las circunstancias te arrastran y no puedes hacer nada por frenarlo. Cuando te enfrentas a un reto y aparecen mil maneras fatídicas de fracasar en forma de miedo, que te paraliza para no seguir adelante. Ese miedo se llama *ansiedad* y está presente en el 90 % por ciento de las personas que conozco.

La ansiedad es una respuesta natural del cuerpo ante situaciones de estrés o peligro, pero, cuando se vuelve constante o desproporcionada, puede afectar significativamente la calidad de vida. Es uno de los trastornos mentales más comunes en el mundo. Según la Organización Mundial de la Salud (OMS), afecta a más del **6 % de la población global,** lo que equivale a cientos de millones de personas. En países desarrollados, esta cifra puede ser aún mayor debido a los estilos de vida acelerados y al estrés laboral. Las principales causas son:

1. **Factores genéticos:** Tener antecedentes familiares puede aumentar el riesgo.

2. **Estilo de vida:** Altos niveles de estrés, la falta de sueño y la mala alimentación contribuyen al desarrollo de la ansiedad.
3. **Traumas:** Experiencias traumáticas, especialmente en la infancia, pueden dejar huellas emocionales duraderas.
4. **Presión social:** Expectativas laborales, económicas o sociales generan estrés constante.

La ansiedad crónica puede provocar insomnio, dolores musculares, enfermedades cardíacas y un sistema inmunológico debilitado. Además, las personas ansiosas a menudo evitan situaciones nuevas por temor al fracaso o la incertidumbre, lo que limita su crecimiento personal y profesional. Una característica común es imaginar siempre el peor escenario posible, lo que genera más estrés y afecta la capacidad para tomar decisiones. Lo bueno es que es tratable con terapia, hábitos saludables y, en algunos casos, medicación. Pedir ayuda profesional es el primer paso para recuperar el bienestar.

Decretar es una herramienta que, de hecho, llevaba ya mucho tiempo utilizando de forma intuitiva, manifestando mis deseos con convicción, como si ya fueran una realidad. Con ella puedes invertir la situación y empezar a tomar las riendas de tu vida; además, al recuperar el control sobre lo que te ocurre, reducirás tus niveles de ansiedad.

Y si yo fui capaz de hacerlo, tú también vas a poder. Decretar es un acto de empoderamiento, una forma de conectar con lo que realmente quieres y de atraerlo a tu vida con la fuerza de tu intención. Decretar te permitirá manifestar una realidad alineada con tus deseos más profundos, ya que tus palabras y pensamientos tienen un poder transformador. Lo que dices y piensas influye directamente en cómo percibes el mundo y en las experiencias que atraes a tu vida. Al decretar de viva voz, las cuerdas vocales emiten una vibración que recorre todo tu cuerpo, de manera que no solo estarás afirmando lo que deseas, sino que también enviarás un mensaje claro al universo y a tu subconsciente, y así activarás los mecanismos que te ayudarán a manifestar tus objetivos.

BENEFICIOS DE DECRETAR

- **Aumento de la autoconfianza:** Al repetir afirmaciones positivas, tu mente comienza a creer en ellas, reforzando la confianza en tus habilidades y potencial.
- **Reducción de pensamientos negativos:** Decretar en positivo ayuda a contrarrestar el diálogo interno negativo, transformando dudas y miedos en convicción y esperanza.
- **Atracción de experiencias positivas:** Al mantener la mente enfocada en lo que deseamos, empezamos a notar oportunidades que antes pasaban desapercibidas. Tu atención se orienta hacia lo que está alineado con tus decretos.
- **Mejora emocional y mental:** Al decretar, se alimenta una mentalidad de abundancia y bienestar. Esto elevará tu vibración emocional, generando una mayor sensación de paz y felicidad.
- **Empoderamiento personal:** Decretar es una forma de empoderarte, asumiendo la responsabilidad de tu bienestar y tomando un

rol activo en la creación de tu realidad. Te sientes dueña de tu vida y de tus decisiones.

CÓMO DECRETAR

La clave está en **hablar en positivo**, en **presente** y con **firmeza**, como si ya estuvieras viviendo lo que deseas, así que ¡al lío!

1. **Elige un área de tu vida en la que quieras trabajar:** Puede ser tu bienestar físico, relaciones, trabajo, autoestima…
2. **Crea un decreto en positivo y en presente:** En lugar de enfocarte en lo que no tienes o en lo que te falta, formula el decreto como si ya estuvieras viviendo lo que deseas. Evita palabras negativas como «no» o «nunca». Por ejemplo, en lugar de decir «No quiero tener miedo cuando hablo en público», di: «Me siento segura hablando en público».
3. **Sé específica y visualízate viviendo esa realidad:** Imagina con detalles lo que sientes y lo que haces mientras ese decreto ya se ha manifestado en tu vida. Por ejemplo: «Me siento tranquila y completamente conectada con mi audiencia cuando hablo. Mis palabras fluyen con naturalidad y recibo el reconocimiento y la atención de los demás».
4. **Repite tu decreto con regularidad:** Dedica unos minutos al día a repetir tu decreto en voz alta —si puedes, hazlo frente a un espejo— para que esa vibración de las cuerdas vocales recorra tu cuerpo. Si no puedes hacerlo en voz alta en algún momento, puedes repetírtelo mentalmente, sintiéndote como si ya estuviera sucediendo. Cuanto más lo creas, más poder tendrás.

5. **Ponle intención:** Es muy importante que cuando decretes sientas **emoción**, porque las emociones amplifican su poder. Por ejemplo, cuando repites «Me siento segura y confiada al hablar en público», realmente siente esa seguridad en tu interior, como unas cosquillitas en tu estómago.
6. **Actúa en coherencia con tu decreto:** Haz pequeñas acciones que refuercen esa nueva realidad. Si estás decretando confianza, busca oportunidades para practicar hablar en público, aunque sea con amigos o frente al espejo. Por ejemplo, yo siempre que estoy en una comida con amigos, suelo decir unas palabras mientras hacemos un brindis, lo me ayuda a reforzar la idea de que soy buena hablando en público.

ACTIVA TUS PODERES

Empezando a decretar

Seguro que hay varios aspectos en tu vida que quieres cambiar o mejorar. Aquí tienes algunas ideas de frases que puedes repetir para decretar ese deseo. También tienes un espacio para incluir las tuyas propias.

- Para fomentar tu **bienestar físico**: «Mi cuerpo está fuerte y saludable. Cada día disfruto de mi energía y vitalidad».
- Para mejorar tus **relaciones**: «Mis relaciones son sanas, me siento amada y valorada».

- Para tener un buen **trabajo**: «Tengo un trabajo que me apasiona y me permite crecer cada día».
- Mi decreto para_____:_____
- Mi decreto para_____:_____

Practica este ejercicio de decretar durante unos días y observa cómo cambian tu energía y actitud frente a lo que deseas manifestar. ¡El poder de la palabra es real!

DIARIO DE MANIFESTACIÓN

Una vez descubiertos los poderes de decretar, me gustaría hablarte del diario de manifestación, otra herramienta para atraer lo que deseas a tu vida. Básicamente, consiste en tomar un diario o cuaderno y escribir en él tus deseos como si ya se hubieran cumplido. Este enfoque te permite reprogramar tu mente para que crea que tus deseos se han hecho ya realidad, lo que genera una sensación de gratitud y satisfacción por anticipado.

Puedes combinar la práctica del diario de manifestación con el de gratitud, pues juntos te ayudarán a crear una mentalidad poderosa: por un lado, te enfocas en lo que deseas atraer; por otro, agradeces eso que ya tienes.

¿EN QUÉ CONSISTE UN DIARIO DE MANIFESTACIÓN?

- **Propósito:** Su enfoque principal es ayudarte a atraer tus deseos y metas hacia la realidad mediante la Ley de la Atracción.

- **Contenido:** En este diario, debes escribir sobre lo que quieres manifestar en tu vida. Para ello, te pones las gafas de verte bien para ir describiendo tus sueños, metas y deseos como si ya se hubieran cumplido. Serán tus gafas de ver tu nueva realidad.

También puedes escribir afirmaciones positivas en tiempo presente para reprogramar tu subconsciente y hacerle creer en la realidad de tus deseos. Son una herramienta clave para reforzar tus pensamientos y sentimientos hacia tus objetivos.

Lo ideal es que no lo limites solo a tu diario, sino que lo integres en tu día a día. Por ejemplo, cada vez que me encuentro unas monedas sueltas en algún bolso o pantalón digo en voz alta: «¡Ves!, si es que soy un imán para el dinero». O cuando estoy hablando con alguien sobre mí siempre suelto: «Yo es que vivo en la abundancia».

CONSEJOS PARA LLEVAR A CABO TU DIARIO

- Crea afirmaciones que estén alineadas con tus deseos. Ejemplo: «Estoy atrayendo abundancia en mi vida», «Soy merecedora de amor y éxito».
- Repite tus afirmaciones en voz alta o en tu mente varias veces al día.
- Escribe tus afirmaciones en notas adhesivas y pégalas en diferentes espacios de tu casa, así las integrarás de forma más natural en tu día a día.
- Escribe en tiempo presente y sé lo más detallista posible, como si ya hubieras logrado tus metas.

Una parte esencial del proceso de manifestación es **rodearte de elementos** que refuercen la energía de tus decretos y deseos. A través de objetos físicos, puedes anclar tus intenciones y recordarte constantemente las vibraciones positivas que quieres atraer a tu vida.

Aquí te comparto tres ideas de manifestación material que puedes incorporar para **trabajar la gratitud, la abundancia y el amor**:

1. **Tarro de Gratitud:** En una caja bonita o incluso en un tarro reutilizado de conservas deposita pequeñas notas con tus agradecimientos diarios. Cada día escribe una cosa que te haya hecho sentir agradecida e introdúcela en la caja o el tarro. Esta práctica no solo te ayuda a enfocarte en lo positivo, sino que también crea un recordatorio visual de todo lo que ya tienes y aprecias. Colócalo en un lugar visible para que siempre tengas presentes todas esas cosas por las que estás agradecida.
2. **Piedra de Abundancia (citrino o pirita):** Esta piedra es perfecta para atraer la energía de la prosperidad, pues simboliza la riqueza, la buena suerte y las oportunidades. Colócala en tu espacio de trabajo o llévala contigo para mantener la energía de la abundancia cerca. Cada vez que la sostengas, repite afirmaciones como «Soy un imán para la abundancia» o «La prosperidad fluye hacia mí sin esfuerzo».
3. **Vela rosa de Autoamor:** Una vela rosa que puedes encender durante momentos de meditación o autocuidado. Las velas rosas simbolizan la ternura y el amor, tanto hacia uno mismo como hacia los demás. Al encenderla, estás invitando a tu espacio la energía del amor y la conexión. Enciéndela mientras repites afirmaciones como

«Soy digna de amor y merezco relaciones sanas y felices». Deja que la luz de la vela ilumine tus intenciones y refuerce tu amor propio.

Estos objetos no solo embellecen tu espacio, sino que también actúan como recordatorios constantes de tus intenciones y decretos. Úsalos para potenciar tu proceso de manifestación y atraer la energía que deseas a tu vida. Yo suelo llevar una de las piedras en mi bolso, así siento que «llevo la abundancia conmigo».

ACTIVA TUS PODERES

Crea tus propias afirmaciones

Ahora que ya tienes varios ejemplos de afirmaciones, te invito a que crees las tuyas propias para encaminarte hacia la vida que deseas. Escríbelas aquí y recuerda repetírtelas día tras día, sintiendo que ya son parte de tu realidad.

Afirmación 1: _____
_____
_____

Afirmación 2: _____
_____
_____

EL PODER DE VERTE BIEN

Afirmación 3: _____
_____
_____

Afirmación 4: _____
_____
_____

Afirmación 5: _____
_____
_____

11.
Esa fuerza interior que todas tenemos

Como ya te explicado, durante muchos años me sentí absolutamente invisible. Nadie me miraba como yo necesitaba, ni validaba mis emociones, ni atendía eso que tanto reclamaba. Mi vida consistió, durante muchos años, en adaptarme a los demás, en complacerlos y renunciar a lo que yo quería para que me dieran unas pocas migajas de amor.

Por fortuna, todo eso cambió cuando empecé mi proceso terapéutico. Mi amiga hacía años que ya iba al psicólogo y, como estaba muy contenta con su terapeuta, no dejaba de recomendarla. Finalmente me decidí a ir a verla y menos mal que lo hice. Fue un proceso muy lento que se prolongó durante mucho tiempo, pero que plantó en mí la primera semilla del amor propio. ¡Ya era hora!

Empezamos por hacer el árbol genealógico de mi familia y tratamos las relaciones que yo mantenía con el resto de las personas que aparecían en él. Hasta entonces mi padre había sido un desconocido para mí, casi no le hablaba y sentía hacia él una mezcla entre rechazo y rencor. Gracias a la terapia, a los deberes que me puso mi psicóloga y las herramientas que me dio, conseguí sanar mi relación con él.

Para aquel hombre de huerta, era más fácil traerme un huevo Kinder que decirme te quiero. Enseguida me di cuenta de que, para él, mostrarse vulnerable, expresar emociones o demostrar amor te hacía débil. Yo le enseñé lo que había aprendido en terapia y me hice su amiga. Por otro lado, dejé de juzgar su papel como marido, ya que no era mi pareja, ¡era mi padre!

No esperes a que otros den el primer paso. Si quieres cambiar las cosas, toma las riendas y da un paso al frente.

Pasaba mucho tiempo escuchando sus historias, así que en una de esas tardes le dije que le quería mucho. No se lo había dicho nunca porque en mi casa no era habitual mostrar los sentimientos. Cambió de tema varias veces hasta que le pedí directamente que me dijera «te quiero». Se puso rojo y dio cuarenta vueltas a mis palabras. «Pero ¿cómo no te voy a querer, si eres mi pequeñica?». Le costó decir aquellas dos palabras, pero finalmente me lo dijo. No sé si fui la primera persona a la que se lo decía, pero sí fue la primera vez que lo escuché de su boca. Desde aquel día, me sentí su persona favorita. Cada vez que nos despedíamos me decía: «Te quiero mucho, hija». Quizás te parezca una chorrada, pero me siento superorgullosa de haberle enseñado a aquel señor analfabeto de setenta años a decir «te quiero».

Así que, amiga, si quieres que algo suceda en tu vida, empieza por trabajar en ti. La vida te da lo que tú le das a ella. Si quieres que te digan «te quiero», tienes que empezar a decirlo tú primero. De esta forma rompes el miedo y esa barrera incómoda que puede haber alrededor de esas dos palabras.

CUENTA TU HISTORIA

Rompiendo el hielo

Seas más lanzada o más retraída, estoy segura de que, en alguna ocasión, inspirada por un momento de lucidez o impulsividad, tomaste la iniciativa y te lanzaste a hacer o decir algo de lo que tenías muchas ganas, aunque tal vez sintieras reparo o miedo por ello en un inicio.

¿Qué hiciste o dijiste? ¿A quién y por qué?

_____
_____
_____

¿Cómo te sentiste al hacer o decir eso?

_____
_____

¿Te has arrepentido alguna vez de cómo abordaste la situación?

_____
_____

¿Cambiaron las cosas a partir de aquel día? Si es así, ¿de qué manera?

_____
_____

LA LEY DEL ESPEJO

Este ejemplo me viene de perlas para hablarte de la **Ley del Espejo** o **Principio de Correspondencia**, un concepto muy utilizado en metafísica y enfoques holísticos. Este principio sostiene que **aquello que experimentas en tu mundo exterior es un reflejo de tu mundo interior**. Es decir, la vida te devuelve lo que tú das, como si las personas y las situaciones fueran un espejo de tu propia energía, pensamientos y emociones.

De modo que, si deseas recibir amor o palabras de afecto por parte de los demás —como el «te quiero» que quería escuchar de boca de mi padre—, debes primero cultivar y expresar ese amor desde ti misma. Al romper las barreras del miedo y la incomodidad, te alineas con lo que quieres atraer. Según la Ley del Espejo, al proyectar lo que deseas, la vida te lo devuelve en la misma medida.

Las experiencias que vives no son meras casualidades, sino una respuesta a la vibración que emites. Tus creencias, emociones y pensamientos conscientes e inconscientes se proyectan hacia fuera, y el mundo te responde reflejando esas mismas energías.

Te muestro algunos ejemplos para que lo entiendas mejor:

- **Sobre el amor:** Si sientes que las personas a tu alrededor no te expresan afecto o no te dicen «te quiero», la Ley del Espejo sugiere que eso ocurre porque quizás tú misma no estás generando y compartiendo ese amor, como me pasaba a mí con mi padre. Puede que estés reteniendo tus propias expresiones de cariño por miedo al rechazo o a la vulnerabilidad. Al empezar a decir «te quiero» y mostrar afecto sin reservas, rompes ese ciclo de retención, y el universo responde reflejando ese amor que estás dando. Te invito a que pienses en un grupo de personas que son importantes para ti. Si nunca les has dicho que las quieres, seguro que te da cosilla llamarlas así de golpe y decirles eso, ¡lo mismo hasta se asustan! Puedes probar a enviarles un mensaje si no te atreves a hacerlo cara a cara, pero ya verás que fliparás con la sensación de plenitud con la que te quedarás.
- **Sobre los conflictos:** Si te encuentras rodeada de personas que te critican o te juzgan, puede ser un reflejo de la autocrítica interna

que llevas contigo. La Ley del Espejo dice que **los comportamientos que más nos molestan** en los demás son una proyección de algo no resuelto en nosotros mismos. Si cambiamos nuestra relación con esa autocrítica, es probable que los conflictos externos disminuyan o se transformen. Seguro que conoces a alguien que constantemente critica el físico de los demás; es probable que el motivo sea su propia inseguridad y la autocrítica que tiene hacia sí misma. Proyecta hacia fuera lo que sucede en su interior.

BENEFICIOS DE APLICAR LA LEY DEL ESPEJO

- **Empoderamiento personal:** Te das cuenta de que eres cocreadora de tu realidad. No eres víctima de las circunstancias, sino que tienes el poder de cambiar tu vida al cambiar tu interior.
- **Mejora de las relaciones:** Al entender que las dinámicas en tus relaciones reflejan tus propias creencias y emociones, puedes abordar esas relaciones con mayor compasión y comprensión. Empiezas a generar una dinámica más saludable, ya que cambias la energía que llevas a ellas.
- **Crecimiento personal:** Cada experiencia se convierte en una oportunidad para conocerte mejor. Lo que te molesta o te llena de alegría en el mundo exterior son pistas para explorar tu mundo interior.

CÓMO LLEVAR A CABO LA LEY DEL ESPEJO

1. **Reflexiona sobre tus reacciones emocionales:** Cuando algo o alguien te afecta, ya sea de manera positiva o negativa, pregúntate:

«¿Qué me está reflejando esta situación o esta persona?». Las reacciones intensas pueden revelar aspectos de ti misma que necesitas trabajar o aceptar.
2. **Cambia desde dentro:** Si quieres mejorar tu entorno o tus relaciones, comienza por hacer cambios en tu interior. Por ejemplo, si deseas más gratitud o respeto por parte de los demás, empieza por cultivar esos sentimientos en ti misma y expresarlos a los demás. La Ley del Espejo nos muestra que, al cambiar tu vibración, el mundo responde a ese cambio reflejando de vuelta lo que has proyectado.
3. **Aceptación y perdón:** A veces, lo que vemos en el espejo de la vida son aspectos de nosotros mismas que no nos gustan. El trabajo está en aceptar y perdonar esos aspectos, ya que solo al hacer las paces con ellos podemos trascenderlos. Al reconocer que el reflejo es simplemente una oportunidad para el crecimiento, puedes dejar de ver a los demás como responsables de tus emociones.

La contraseña de hoy es esta:

ACTIVA TUS PODERES

Reparte amor entre los tuyos

Una buena manera de poner en marcha la Ley del Espejo es mostrándole tu amor a los demás. A esa amiga con la que siempre puedes contar, a tus padres, hermanos o a esa persona especial.

Sin pensarlo mucho, escríbele un mensaje a esta persona diciéndole que estabas pensando en ella y que, aunque tal vez no lo exteriorices demasiado, la quieres y te sientes afortunada de tenerla en tu vida. Ya verás qué sensación de plenitud y agradecimiento vas a sentir cuando reacciones. Puedes escribirlo aquí antes de enviarlo:

_____
_____
_____
_____
_____
_____
_____
_____
_____
_____
_____
_____
_____
_____
_____
_____

12.
Querida, el éxito también es tuyo

El trabajo que estaba haciendo en terapia me ayudó a tomar buenas decisiones. Abandoné la carrera de arquitectura técnica con la idea de cursar diseño de interiores. Buscando información en la Escuela Superior de Diseño, vi que también se ofertaba diseño gráfico. Siempre se me había dado bien este tema (recordemos mis habilidades con el Paint para falsificar las notas de mis compañeros en mi época del cíber). Además, en ese momento había hecho un curso de Photoshop gratuito y me sacaba un extra haciendo los carteles de las fiestas de la discoteca en la que trabajaba. Así que me di cuenta de que había encontrado a mi primer amor, académicamente hablando, y estaba vibrando muy alto.

Me obsesioné con esta nueva faceta, disfrutaba muchísimo las clases y en mi tiempo libre no hacía más que leer sobre diseño gráfico. Compraba revistas especializadas, visitaba exposiciones relacionadas con el tema y asistía a cualquier evento al que fueran mis nuevos ídolos: los creativos.

Resulta que Murcia, en aquel momento, era la tercera ciudad más premiada en diseño gráfico después de Barcelona y Madrid. ¿En serio? Teníamos a Eduardo de Fraile, Jorge Martínez y un montón de expertos en la materia. Así que me propuse ponerme a su nivel algún día.

En mi ciudad se organizaba un concurso de cartelería bastante relevante abierto a estudiantes y profesionales. Para incentivar la participación, mi tutor nos prometió subirnos la nota si nos presentábamos. O sea que, a última hora, decidí presentarme junto con una compañera. A la semana me llamaron para decirme que yo era la ganadora.

Eres más valiosa y talentosa de lo que piensas. Empieza a creértelo y verás como todo cambia a tu alrededor.

«¿Estás seguro? ¿No te has equivocado?», fue lo primero que le dije a la persona del otro lado del teléfono. ¡No podía creérmelo! Sentí un pellizco en el estómago que me hizo saltar por toda mi habitación. ¡Era la primera vez que ganaba algo! Y lo había ganado por mi talento, no por casualidad.

Yo no era la mejor de la clase, ni de lejos. ¿Cómo podía ganar compitiendo con todas aquellas propuestas maravillosas? Simplemente, yo les di lo que buscaban.

Aquello fue el detonante de la mujer imparable que soy actualmente. Me di cuenta de que era válida y talentosa. Nadie me había regalado nada y, a pesar de todas las inseguridades que tenía al verme rodeada de compañeros tan buenos, mi propuesta también era importante.

Hacía años que había leído sobre la Ley de la Atracción, así que basándose en este concepto, aproveché mi subidón personal de vibración alta e ideé una caja mágica.

Al terminar aquel año reflexioné sobre todas las cosas increíbles que me habían sucedido e hice una lista de las que quería conseguir en los siguientes cinco años y la guardé en la caja. Había de todo en aquella caja, pero como se iban cumpliendo algunos de mis deseos, fui añadiendo otros: aprender inglés, ir a los premios Laus, tener un Mac, ganar un premio Anuario Pro, organizar mi propio evento de moda o conocer al novio ideal. ¡Pedí de todo!

No sé qué tipo de brujería hice con aquella caja mágica que, al abrirla años después, se me puso piel de gallina: me di cuenta de que se habían cumplido todos mis deseos. ¡Sí, amiga! Los siguientes años como diseñadora gráfica gané el Anuario Pro, aprendí inglés fluido mientras vivía en Londres, un amigo me regaló su Mac porque se mudaba, gané ¡dos premios Laus!, creé mi propia semana de la moda, Murcia Fashion Week, y, lo más importante, ¡conocí a Jorge!, mi novio ideal.

CUENTA TU HISTORIA

La revelación de poder

A veces nos sentimos más pequeñas de lo que somos, menos talentosas que el resto o incapaces de lograr nuestros objetivos. Y hasta que no nos dicen desde fuera «Eh, sí, eres brillante», no nos lo creemos. ¿Te ha ocurrido?

Menciona una creencia que tuvieras sobre ti misma acerca de tus capacidades o talentos:

_____
_____

¿Por qué creías que era cierta?

_____
_____

Ahora, explica cómo alguien o algo te hizo ver las cosas distintas, y viste que eras más capaz de lo que creías:

_____
_____

¿Cómo te sentiste al respecto? ¿Llegaste a erradicar esa falsa creencia?

_____
_____

LA CAJA MÁGICA

¡Crear una **caja mágica de deseos** basada en la **Ley de la Atracción** es una práctica poderosa para manifestar tus sueños y metas! Ya has visto como me funcionó a mí, así que, querida, no pierdes nada por hacerla. Es un proceso sencillo pero profundo, que utiliza la visualización y el enfoque positivo para atraer lo que deseas a tu vida. Aquí te doy el paso a paso para crear tu propia caja mágica de deseos que se cumplen:

1. Elige o crea tu caja

- Busca una caja que te guste, una que al mirarla pienses «tiene pinta de ser mágica». Puede ser una caja decorativa que ya tengas en casa o una que tú misma personalices; también sirve la típica caja metálica donde nuestras abuelas guardaban la costura. Lo importante es que te inspire alegría y emoción cada vez que la veas.
- Si te gustan las manualidades, puedes optar por crearla desde cero, utilizando cualquier tipo de material (cartón, madera, metal) y decorarla con imágenes, símbolos o colores que representen tus deseos, sueños y la energía positiva que quieres atraer.

2. Limpia y consagra tu caja

- Antes de usarla, es importante que limpies energéticamente la caja para que sea un espacio puro donde deposites tus intenciones. Puedes usar humo de una rama de salvia, de un palo santo, o una varita de incienso mientras dices con intención: «Limpio esta caja de

- cualquier energía negativa y solo mantengo la energía positiva. Ahora está llena de luz, amor y conectada al poder superior del universo».
- Ahora, conságrala: define su propósito con una afirmación clara. Por ejemplo: «Esta caja mágica cumple mis sueños con la fuerza del universo». Y después, diría mi mantra de gratitud: «Gracias, universo, porque soy canal de amor y de abundancia, y un imán para el dinero. Gracias por cumplir todos los sueños que dejo en esta caja».

3. Define tus deseos

- Dedica tiempo a reflexionar sobre lo que realmente quieres manifestar en tu vida. Sé específica y sincera con tus deseos. La Ley de la Atracción funciona mejor cuando tienes claro lo que quieres atraer. No pidas cosas por pedir, solo cosas que realmente sean relevantes en tu vida.
- Para que te resulte más fácil, puedes clasificar tus deseos según las diferentes áreas de tu vida: amor, salud, abundancia, trabajo, relaciones, crecimiento personal, etc.
- También puedes ir añadiendo deseos posteriormente sobre la marcha como hice yo; cada vez que necesitaba algo nuevo lo añadía a la caja.

4. Escribe tus deseos en papel

- Toma una hoja de papel o pequeñas tarjetas y escribe cada uno de tus deseos en tiempo presente, como si ya se hubieran cumplido.

Por ejemplo: «Estoy viviendo una vida llena de amor y alegría», «He encontrado el trabajo perfecto que me hace sentir realizada», «He ganado un premio Laus» o «Hablo inglés fluido».
- Es fundamental que uses lenguaje positivo y emocional, conectando con cómo te sentirías si ese deseo ya se hubiera cumplido.

5. Recopila símbolos o imágenes para guardar en la caja

- Si quieres dar más fuerza a tus deseos, puedes acompañar tus escritos con imágenes que representen esos deseos. Por ejemplo, si sueñas con un viaje, busca una foto del destino al que quieres ir y colócala en la caja.
- También puedes buscar objetos pequeños, como piedras o amuletos que representen tus metas, o cualquier cosa que te haga tener presente tu objetivo.
- Puedes ir añadiendo pequeñas ofrendas a la caja para potenciar su poder. Yo, por ejemplo, cuando voy a un sitio especial le traigo una piedrita o una flor que me guste y la guardo en la caja.

6. Coloca tus deseos en la caja

- Una vez que tengas tus deseos escritos y tus imágenes o símbolos localizados, colócalos cuidadosamente dentro de la caja. Mientras lo haces, visualiza cada uno de ellos como si ya estuvieran manifestándose en tu vida.
- Siente la emoción de haber logrado esos deseos y mantén una actitud de gratitud y entusiasmo. Para ello, puedes hacer varias respiraciones

profundas cerrando los ojos y practicando el «Mula Bandha», que consiste en apretar el suelo pélvico para que la energía vaya directa al universo. Según sostiene el Kundalini, se trata de una energía espiritual latente que se encuentra en la base de la columna vertebral y que, cuando se despierta, sube por los chakras (centros energéticos) hasta la coronilla conectando con el universo. Al contraer esta zona, estás bloqueando y controlando la energía en el primer chakra (Muladhara), situado en la base de la columna vertebral. Se cree que esta acción ayuda a «despertar» y mover la energía Kundalini desde la base hacia arriba. Yo siempre digo que es como el botón de turbo hacia el universo. Si es la primera vez que lees algo sobre Kundalini, te recomiendo mucho que sigas investigando porque es muy poderoso para el despertar espiritual de la consciencia.

7. Cierra la caja y confía

- Cierra la caja con la confianza de que el universo está trabajando en tus deseos. Este es un paso crucial: debes soltar la necesidad de controlar el «cómo» y el «cuándo» para que se cumplan tus deseos. Fluye, y el universo te la dará cuando sea el momento.
- Confía en que lo que has puesto en la caja ya está en proceso de manifestación y sigue viviendo tu vida alineada con esas metas.

8. Visualiza y conecta regularmente

- Coloca tu caja en un punto donde puedas mirarla al acostarte y al despertarte para manifestar abundancia, mirar tu caja de deseos, sentir su realización y dar las gracias por ellos. Esto refuerza tu energía de manifestación.

- Si tienes un altar en algún rincón de la casa donde suelas ir a agradecer, puedes colocar ahí la caja para dedicarle unos minutos cada semana.
- También puedes actualizar la caja: si sientes que un deseo ya está en camino o que algo ha cambiado, siéntete libre de hacer ajustes.

9. Mantén una actitud positiva y abierta

- La Ley de la Atracción requiere que mantengas una actitud positiva y abierta a las posibilidades. Recuerda que las manifestaciones pueden llegar de formas inesperadas, así que mantente receptiva y atenta a las señales que te envía el universo. No te frustres o te enfoques en lo negativo cuando algo no llegue en el momento en que tú esperabas, simplemente deja que el universo trabaje y mantén una actitud positiva vibrando alto para que tu torre de transmisión funcione perfectamente.
- Agradece por lo que ya tienes y por lo que está en camino. La gratitud es un poderoso amplificador de energía para atraer más abundancia a tu vida y es imprescindible que lo hagas.

10. Actúa en alineación con tus deseos

- Aunque la caja es mágica, no olvides que es imprescindible que actúes alineada con lo que quieres atraer. Si tu deseo es hablar inglés fluido, por ejemplo, además de visualizar y escribir sobre ello, asegúrate de tomar decisiones en tu día a día que apoyen ese objetivo, como ver series en inglés o practicarlo en cualquier momento.

ACTIVA TUS PODERES

Crea tu lista de deseos

No dejes para mañana lo que puedes hacer ahora mismo. Para empezar a poner en marcha tu caja mágica, aquí tienes un espacio para escribir tus deseos. Piensa bien en aquello que quieres atraer a tu vida y recuerda escribirlo en presente y en positivo, como si ya lo hubieras logrado.

Deseo 1: _____
Deseo 2: _____
Deseo 3: _____
Deseo 4: _____
Deseo 5: _____

13.
Dejando una huella bonita

La última vez que te conté algo sobre mis relaciones fue para hablar de mi primer novio, el «infiel». Después tuve otra relación tóxica de tres años con mi segundo novio, «el farlopero», y creo que no hace falta que entremos en detalles con ese seudónimo. Después de esas experiencias, tuve siete años de soltería, divirtiéndome sin compromisos y queriéndome por primera vez a mí misma. Hacía dos años que había pasado por una época muy baja; a mi padre le habían diagnosticado cáncer de colon. Fue entonces cuando mi perro Mojito apareció en mi vida para llenarla de amor. En ese momento yo era mi prioridad y brillaba como nunca. Era plenamente feliz estando soltera y no estaba abierta a salir con nadie que no estuviera dispuesto a dar lo mismo que yo. Esta era mi primera *red flag*. Si la veía, decía: «Cariño, encantada de conocerte, ya te llamaré». Y así, sin conformarme, pasaron siete años. Era plenamente feliz viviendo sola conmigo misma, sin dar explicaciones. Soy de las personas que piensan que NO NECESITAS PAREJA para ser feliz.

EL PODER DE VERTE BIEN

En general siempre he sido muy ligona. ¿Conoces al típico feo que se las lleva a todas de calle porque tiene un pico de oro? Esa soy yo, pero en chica. No era la más guapa, pero sí la más graciosa y, aunque suene vanidoso, como no tenía vergüenza ninguna, siempre me ligaba a quien yo quería. Bueno, siempre siempre, no, pero sí la mayoría de las veces. Solo estaba dispuesta a cambiar mi reino si aparecía alguien que me aportara mucho. Quería una relación sana y equilibrada, y para ello es imprescindible no pedir lo que tú no das. Esto en teoría parece fácil, pero encontrar a alguien que te complemente para formar el equipo de tu vida es de las cosas más difíciles que hay.

Así que, de forma intuitiva, escribí una carta al universo describiendo a mi chico ideal. Total, el mercado estaba tan mal que no tenía nada que perder. Solo puse cosas que yo daba, y empecé haciendo un listado de imprescindibles, que es este:

- Que me haga reír.
- Que sea sano, que no tenga vicios ni fume.
- Que sea muy trabajador y ambicioso.
- Que sea emprendedor o trabaje por su cuenta.
- Que no sea celoso o tóxico.
- Que sea cariñoso y esté superenamorado de mí.
- Que sea leal, fiel y sincero.
- Que sea empático y generoso.
- Que me proyecte y seamos equipo.
- Que tengamos el mismo plan de vida.

DEJANDO UNA HUELLA BONITA

Yo se que esto es básico y debería de darse por hecho en una relación, ¡pero hija!, el mundo de las relaciones está patas arribas y hay que ser específica con el universo. Si te fijas no pedí nada físico, porque para mí es algo secundario. ¡Anda que no me he liado yo con feos! Y tampoco considero que yo sea la modelo del año para exigir nada. Así que yo escribiría lo que es realmente relevante para ti. Si necesitas que tenga *six pack* y tú también los tienes, ¡adelante, pide lo que consideres!

La contraseña de hoy es esta: 🫣 💎

ACTIVA TUS PODERES

Visualiza la relación que deseas

Ya te he hablado antes de las bondades de visualizar aquello que deseas, y esto también se aplica a los asuntos amatorios. Sé que suena increíble, pero nada mejor que atraer a la persona que quieres en tu vida que imaginando que ya está formando parte de ella.

Te invito a que le des una oportunidad a esta visualización. Te aseguro que, al menos, te hará feliz durante unos minutos.

En un lugar cómodo y tranquilo, haz varias respiraciones profundas. A continuación, visualiza en un espacio en el que te sientas segura a tu pareja ideal acercándose a ti. También puedes imaginar a tus seres queridos queriéndote, si lo que quieres es simplemente proyectar más amor en general en tu vida. Observa su presencia, cómo se ve, cómo te hace sentir. Siente el amor que fluye entre vosotros y cómo este amor te envuelve en una sensación de seguridad, alegría y profunda conexión emocional.

Imagina que tú y tu pareja estáis compartiendo momentos de felicidad juntos. Puede ser una caminata por la playa, una cena romántica o, simplemente, una conversación profunda. Siente la confianza y el apoyo que os dais mutuamente.

Visualiza cómo os cuidáis, os respetáis y os valoráis. Siente la alegría y el contento que provienen de estar con alguien que te comprende, te ama por quien eres y con quien puedes compartir tu vida.

Consejo extra: *Mientras te visualizas disfrutando de esta relación amorosa, repite afirmaciones como: «Gracias, universo, porque soy canal de amor y soy digna de recibir y dar amor verdadero», «Atraigo a mi vida a la pareja ideal que me ama y me respeta por ser quien soy», «Soy un imán de amor sincero con mi familia, mascotas y amigos». Permítete sentir profundamente estas afirmaciones, integrándolas en tu ser y haciéndolas parte de tu realidad diaria.*

DEJANDO UNA HUELLA BONITA

No obviaremos tampoco que, cuando se trata de encontrar el amor, no podemos ponernos a pedir en plan barra libre sin ofrecer nada a cambio. Hay que trabajarse, hay que ponerse bonita por dentro para ser ese lugar seguro y feliz en el que otra persona quiera quedarse a vivir. Y, aunque no todas las herramientas de este libro se enfocan en encontrar pareja, cuanto más trabajes en ellas, más posibilidades tendrás de encontrarla, pues experimentarás tal transformación que no solo tú verás la diferencia, los demás también serán conscientes de ella y querrán permanecer cerca de ti.

MÍRATE BIEN

Y tú, ¿qué puedes ofrecer?

Antes de hacer la lista con los requisitos de tu pareja ideal y pedirle al universo que la atraiga hacia ti —si es que aún no la has encontrado—, es fundamental reflexionar sobre lo que puedes ofrecer tú. Mírate con amor, compasión y vente un poco arriba. ¿Qué es eso que tienes tú y que por nada del mundo alguien debería dejar escapar?

1. _____
2. _____
3. _____
4. _____
5. _____

CARTAS AL UNIVERSO

Escribir una carta al universo y esperar a que tus deseos se cumplan puede parecer, de primeras, algo imposible, pero te aseguro que es una práctica que funciona genial dentro del marco de la Ley de la Atracción. Este enfoque te ayuda a definir con claridad lo que deseas atraer mientras alineas tus pensamientos y emociones con lo que buscas. Al hacerlo, te enfocas en la vibración positiva y en la visualización de tus deseos como si ya estuvieran ocurriendo y lo aplicas a cualquier objetivo.

Al escribir en formato carta, te obligas a reflexionar profundamente sobre lo que realmente deseas. Esto te ayuda a ser específica y a enfocarte en tu intención, que es un principio clave de la Ley de la Atracción. Al expresar tus deseos de forma positiva y agradecida, elevas tu vibración energética. Según la Ley de la Atracción, la vibración que lanzas al universo es lo que atraes. Así que, amiga, te interesa estar en la vibración del amor, gratitud y positividad, ya que así atraerás experiencias y personas que coincidan con esa energía. Escribir esta carta te permite declarar lo que quieres y luego dejarlo en manos del universo para que actúe. Este desapego es fundamental, ya que, si te apegas demasiado a los detalles o a los tiempos, generas resistencia. Al escribir tu carta, reafirmas la creencia de tu capacidad de cocrear con el universo. Estás asumiendo **el poder de dirigir tu vida** y manifestar lo que deseas en lugar de sentirte a merced de las circunstancias externas.

Por lo tanto, si te comprometes con el proceso y confías en que el universo te traerá lo que es mejor para ti, la carta puede ser una herramienta extremadamente poderosa.

Encontrar a tu pareja ideal es posible si confías en ti misma... y también en el universo. Atrévete a pedir lo que realmente mereces.

Ahora bien, te cuento el paso a paso para manifestar una pareja que te merezca:

1. **Encuentra un lugar tranquilo:** Busca un espacio en el que te sientas en paz, sin distracciones, energéticamente limpio. Puedes encender una vela o quemar incienso de tu aroma favorito para crear una atmósfera de serenidad y enfoque.
2. **Conecta con tu intención:** Antes de escribir, reflexiona sobre lo que realmente deseas en una pareja. Piensa en los valores, las cualidades y cómo te gustaría sentirte en esta relación. Asegúrate de que tu intención venga desde el amor propio y no desde una carencia. Es decir, pide lo que tú también puedes dar. Por ejemplo, no pidas una pareja con dinero para que resuelva tu situación financiera.
3. **Inicia la carta con gratitud:** Comienza agradeciendo al universo por todo lo que ya tienes. Esto elevará tu vibración y te ayudará a conectar con una energía positiva. Por ejemplo, «Gracias, universo, porque soy canal de amor y de abundancia y un imán para el

dinero, gracias por todos los regalos que me das cada día. Estoy agradecida por el amor que me rodea y por los aprendizajes que me han hecho crecer. Gracias por guiarme hasta aquí, estoy lista para recibir más amor en mi vida».

4. **Declara lo que deseas de forma clara, específica y positiva:** Expresa lo que quieres en una pareja, pero hazlo como si ya estuviera en camino o sucediendo. Usa frases afirmativas, evitando «quiero» o «necesito», usa «estoy abierta a». Por ejemplo: «Estoy lista para recibir a una pareja que me haga reír y que sea sano, sin vicios ni malos hábitos. Agradezco la llegada de una persona muy trabajadora y ambiciosa, que sea emprendedora o trabaje por su cuenta, alguien con quien compartir una vida llena de proyectos y sueños».

5. **Sé específico sin limitar al universo:** La claridad es importante, pero deja espacio para que el universo actúe. No te centres en detalles superficiales como la apariencia física, sino en cómo te hace sentir esa persona y los valores que quieres compartir con ella. «Estoy en una relación amorosa con mi pareja, que es leal, fiel y sincero, una persona generosa y empática. Esta persona no es celosa ni tóxica, sino cariñosa y está profundamente enamorada de mí. Juntos somos un equipo, nos apoyamos y proyectamos una vida en común que nos hace crecer».

6. **Añade detalles sobre vuestra vida juntos:** Visualiza cómo te sientes estando con esta pareja y describe escenas cotidianas o momentos especiales que compartiréis. «Nos reímos juntos, compartimos proyectos de vida y disfrutamos de cada momento. Nuestro amor es equilibrado, con respeto mutuo y comunicación abierta.

Ambos tenemos el mismo plan de vida y nos apoyamos para lograrlo».
7. **Termina con gratitud y desapego:** Cierra la carta con gratitud y confianza en que el universo te traerá lo que es mejor para ti, sin apegarte a un resultado específico. «Gracias, querido universo, por alinearme con esta relación amorosa. Sé que llegará en el momento perfecto y confío en tu poder. Estoy abierta y lista para recibir este amor sincero y hermoso. Gracias, gracias, gracias».
8. **Firma la carta con amor:** Termina la carta con una firma llena de amor y gratitud.
9. **Ritual final:** Una vez escrita, guarda la carta en un lugar especial como tu caja mágica, o en tu mesilla junto a ti cuando duermas.

Recuerda: La clave para manifestar es confiar, soltar el apego al resultado y mantener una actitud positiva y abierta. Mantente en la vibración correcta y el amor que deseas llegará en el momento adecuado.

La contraseña de hoy es esta: 🌚 🪐

ACTIVA TUS PODERES

Escríbele tu carta al universo

Seguro que tienes un deseo por cumplir ahora mismo. Aquí tienes un espacio para escribirle una carta al universo. Para pedir que te encuentre una pareja ideal, un trabajo mejor o cualquier cosa que se te ocurra. Recuerda hacerlo con intención, desde el amor propio y confiando en que el universo sabrá cómo atraerlo hacia ti.

Mi carta al universo:
___
___
___
___
___
___
___
___
___
___
___
___
___
___
___
___
___
___
___
___
___

14.
El amor que damos regresa multiplicado

Tener claro lo que quieres en la vida es el primer paso para conseguirlo. A lo largo del libro te he propuesto varios ejercicios y herramientas para que, poco a poco, vayas abriéndote camino y acercándote a esa nueva versión de ti capaz de lograr todo lo que se proponga. Porque cuando cambias lo que hay dentro de ti, todo a tu alrededor cambia también.

Para que los sueños se cumplan, primero tienes que creer de verdad que pueden hacerse realidad. Tienes que imaginar que ya están cumpliéndose, tienes que creer fuertemente que son posibles. Porque si tú misma no crees en ellos, ellos tampoco creerán en ti. Debes tenerlos siempre presentes, cultivarlos día a día, rozándolos con la punta de tus dedos, como si estuvieran a unos pocos milímetros de distancia.

Como te iba contando, aquella carta se había quedado en la caja siete años atrás. Como no había llegado la persona deseada, la mantuve dentro de la caja mientras yo seguía divirtiéndome y enfocada en mí. Aquel deseo estaba ahí, pero había pasado tanto tiempo que no lo recordaba, era uno más de mis objetivos.

Mientras estudiaba la carrera de diseño gráfico, empecé en el mundo de la fotografía y trabajé llevando la comunicación y la dirección creativa de un par de empresas.

Hacía dos años que había creado mi propio evento, la semana de la moda oficial en mi ciudad, Murcia Fashion Week, con el apoyo de todas las instituciones. Y aunque mi nombre sonaba en la mayoría de los medios locales, quería terminar de posicionar mi marca personal en la ciudad, así que ideé una estrategia y organicé mi primera exposición de fotos. Pensé que sería bueno poner en valor a las mujeres que me inspiraban e inauguré «Mujeres que molan». Tuvo tanto éxito que me pidieron que organizase una exposición masculina. Así que apenas tres meses después estaba en marcha «Tíos que molan».

Inmersa en los preparativos, le pregunté a una amiga por alguna marca de moda masculina para dar relevancia visual a todas las fotografías. Mi amiga me habló de una marca que había participado en la segunda edición de mi evento Murcia Fashion Week. No conocía la marca que ella me recomendaba, porque esa segunda edición fue una estafa por parte de mis antiguas compañeras de la primera edición, que usaron mi marca registrada para lucrarse, pero esto es otra historia. La marca se llamaba Bagger Off, eran camisas de señorito fabricadas en España por tres chiquillos de económicas. Me puse en contacto con ellos, a través de Facebook, para proponerles que me cedieran las camisas.

EL AMOR QUE DAMOS REGRESA MULTIPLICADO

Toma la iniciativa, atrévete y confía en que las piezas acaben encajando, aunque aún no sepas cómo ni cuándo.

Supuestamente, me atendió el departamento de comunicación y me dijeron que le pasaban la propuesta a márquetin para que pudieran valorarla y que en unos días me responderían. Me quedé loca con la «gran empresa» a la que estaba escribiendo, con tanto protocolo y tantos departamentos. A los tres días, después de *stalkearme*, me contestaron para citarme en sus oficinas del centro, a menos de cien metros de la mía, donde iba todos los días a trabajar.

Como tenía varias reuniones aquel día, iba bastante mona, con un vestido rojo que aún conservo, pero en bici. Subí al primer piso siguiendo las indicaciones y me encontré por primera vez con Jorge. Estaba nervioso, se movía erguido por la oficina, con sus castellanos, usando palabras rebuscadas y moviendo las manos como un político; parecía intentar impresionarme. Me pareció bastante estirado, así que como tenía poco tiempo, fui directa al tema de las camisas. Entonces se puso a contarme su vida y no me quedó más remedio que escucharlo. Me explicó que aquellas no eran las oficinas de Bagger Off, sino las de Chequealo.es, una agencia online de escapadas con encanto, que en aquel momento funcionaba como web de descuentos en todo tipo de planes.

EL PODER DE VERTE BIEN

En aquel momento me di cuenta de lo guapo que era. Me pareció totalmente mi prototipo Aladdín: moreno de piel, sonrisa grande, ojos oscuros y barbita. Y yo, que estaba entrenada para ligar en cualquier momento, le solté del tirón: «¡Anda, pues tu novia estará supercontenta de los planes de Chequealo!». Él me dijo: «Qué va, yo a mi novia no la llevo a estos sitios, la llevaría a algo más guay». Pensé: «Qué mal vende su empresa este muchacho». Y contesté: «¡Ah, vale! Entonces, ¿tienes novia?». Medio tartamudeando por los nervios me dijo: «No, no, qué va, qué va, no, me refiero a que si tuviera novia no la llevaría».

Total, que me sacó las camisas perfectamente empaquetadas y al abrirlas estaban superarrugadas, así que le pregunté: «Pero esto me lo das planchado, ¿no?, porque yo no plancho nada. ¡Vamos, no tengo ni plancha en mi casa!». Abrió los ojos extrañado y dijo: «¿No tienes plancha en tu casa?». A lo que contesté: «No, porque no me gusta planchar. No tengo ningún objeto que me haga conectar con una energía de algo que no me gusta. Y además, ¿cómo pretendes que me lleve todas estas camisas? Yo voy en mi bici». Se quedó descolocado. En su cabeza de economista con *look* cayetano, no cabía la mezcla de mujer exitosa de la que hablaban los medios, que iba en bici, no tenía plancha y encima era ligona. Así que estuvo rápido y propuso venir al *shooting* para encargarse de la parte de la moda. «¡Pues genial, nos vemos en tres días!», le dije mientras me alejaba montada en mi bici.

CUENTA TU HISTORIA

Perdiendo la vergüenza

Es normal sentir cierto reparo a echarle un poco de morro al asunto en según qué situaciones, pero estoy segura de que, al menos alguna vez, te han salido bien las cosas actuando de esta manera.

Cuéntame, ¿en qué situación dejaste un poco de ser tú y le echaste morro para conseguir algo?

_____
_____

¿Qué sucedió? ¿Cómo te sentiste?

_____
_____

¿Qué conseguiste?

_____
_____

¿Qué aprendizaje sacas de aquella experiencia?

_____
_____

EL PANEL DE VISUALIZACIÓN

Hago una pequeña pausa en mi historia de amor para enseñarte la que es, para mí, la herramienta más poderosa: **el panel de visualización**. Este panel te servirá para enfocarte en lo que quieres atraer a tu vida, conectando tus sueños y metas con tu día a día de manera visual y tangible.

Un panel de visualización, o *vision board*, es una representación gráfica de tus deseos. Es un lugar donde reúnes imágenes, palabras y símbolos que representan lo que quieres lograr o atraer. Al tenerlo a la vista, estás alineando tus pensamientos y emociones con esas metas, lo que favorece su manifestación.

CÓMO CREAR TU PANEL DE VISUALIZACIÓN

1. Define tus metas

Antes de empezar a buscar imágenes, dedica un momento a reflexionar sobre tus objetivos. ¿Qué quieres atraer a tu vida? Pueden ser metas personales, profesionales, de bienestar, de relaciones o incluso emocionales. Algunas áreas en las que puedes enfocarte incluyen:

- **Salud y bienestar:** Tal vez quieras sentirte más saludable, con más energía, o cuidar mejor de ti misma.
- **Amor propio:** Quizás busques amarte más y aceptar tu cuerpo tal como es.
- **Relaciones:** Mejorar tus relaciones actuales o atraer personas nuevas a tu vida que te apoyen.

- **Logros personales:** Visualizarte cumpliendo metas que te importan, ya sean laborales, de estudios o proyectos personales.

Escribe en un papel qué deseas en cada área de tu vida. Asegúrate de que las metas sean claras, positivas y formuladas en tiempo presente. Por ejemplo: «Estoy feliz con mi cuerpo tal como es», «Disfruto de una vida llena de bienestar», «Trabajo en la empresa que más me gusta», «Me rodeo de personas que me valoran».

2. Reúne los materiales

Para hacer tu panel de visualización, necesitarás los siguientes materiales:

- **Una cartulina, un tablón de corcho o un marco de fotos grande:** Esta será la base sobre la que colocarás tus imágenes. Si te decantas por un marco, puedes utilizar la lámina que llevan dentro para pegar allí los diferentes elementos.
- **Revistas, fotos impresas, palabras o frases inspiradoras:** Encuentra imágenes que representen tus objetivos. También puedes incluir palabras o frases que resuenen contigo.
- **Tijeras, pegamento y marcadores:** Para recortar y pegar las imágenes, y darle al panel un toque personal.
- **Otros:** Pegatinas, cintas decorativas, cualquier elemento que te inspire y te guste.

3. Selecciona las imágenes

Ahora es el momento de empezar a buscar las imágenes y palabras que representen lo que quieres manifestar. Puedes buscar en revistas, en Internet o incluso usar fotos personales.

Algunas ideas de lo que podrías incluir:

- Si tu objetivo es mejorar tu bienestar físico o emocional, busca imágenes de personas que reflejan ese bienestar que deseas y que se parezcan a ti físicamente. Puedes recurrir a imágenes de personas de espaldas, pues al subconsciente le resultará más fácil creer que esa persona eres tú.
- Si tu objetivo es viajar, busca fotos de los lugares que quieras visitar.
- Incluye palabras poderosas como «confianza», «salud», «amor propio» o cualquier otra que te inspire. Puedes escribirlas con una letra bonita o imprimirlas con alguna tipografía llamativa.
- Símbolos que te representen a ti o a tus metas: corazones, naturaleza, meditación, etc.

Sobre todo, elige imágenes que te hagan sentir motivada y conectada con tus deseos.

4. Organiza y crea tu panel

Pega las imágenes y palabras en tu cartulina o tablero de manera creativa. No hay reglas estrictas para esto. Deja que tu intuición guíe el proceso. Puedes organizarlo por áreas específicas (salud, amor, trabajo), o simplemente dejar que fluya según cómo te sientas.

Yo suelo colocar una foto mía actual en el centro del marco y debajo escribo el año o años en grande. Después voy pegando las imágenes que resuenan con mis objetivos, colocándolas alrededor, creando una especie de círculo.

Mientras lo haces, concéntrate en tus metas, visualiza cómo te sentirás cuando las alcances. Este es un momento clave, porque estás poniendo tu energía en lo que quieres lograr.

5. Añade afirmaciones positivas

Acompaña las imágenes con **afirmaciones en tiempo presente** que refuercen tus metas. Estas frases te ayudarán a mantener una mentalidad positiva y a enfocarte en lo que realmente quieres como: «Me amo», «Soy exitosa», «Me admiro», «Me respeto», «Vivo en abundancia» o «Soy «próspera». Estas afirmaciones deben resonar contigo y con la vida que estás creando.

6. Coloca tu panel en un lugar visible

Para que tu panel de visualización funcione, es importante que lo veas todos los días. Colócalo en un lugar estratégico: tu dormitorio, tu oficina o cualquier sitio donde pases tiempo a diario. Así, cada vez que lo veas, estarás reforzando tus objetivos y manteniéndote alineada con ellos. A mí me gusta tenerlo en la mesilla para verlo cada día al acostarme y al levantarme, pero si tengo visita en casa, procuro esconderlo para que ninguna mirada influya.

EL PODER DE VERTE BIEN

7. Mantén el foco y revisa tu panel regularmente

La vida está en constante cambio y tus metas también pueden evolucionar. Revisa tu panel cada cierto tiempo y pregúntate si sigue alineado con lo que deseas. Si es necesario, haz ajustes, agrega nuevas metas o reemplaza imágenes que ya no te representen.

Cada vez que lo mires, estarás recordándole a tu mente lo que deseas lograr, y esto te ayudará a tomar decisiones más alineadas con tus objetivos. Además, te mantendrá motivada y enfocada en lo que realmente importa para ti. Recuerda que la clave está en visualizar con intención, creer en tus metas y tomar acciones para que se conviertan en realidad. ¡Ahora es tu turno de crear tu propio panel y empezar a manifestar tus deseos!

La contraseña de hoy es esta: 🌑 🌿

ACTIVA TUS PODERES

Planifica tu panel de visualización

Sé que crear tu propio panel de visualización puede parecer algo laborioso, pero puedes dar el primer paso planificándolo aquí mismo. Responde a las siguientes preguntas y, sin darte cuenta, estarás empezando ya a construirlo.

EL AMOR QUE DAMOS REGRESA MULTIPLICADO

¿En qué áreas de tu vida te quieres enfocar?
1. _____
2. _____
3. _____

¿Qué objetivos quieres conseguir este año?
1. _____
2. _____
3. _____

¿Qué palabras clave pueden resumir tus objetivos?
1. _____
2. _____
3. _____
4. _____

Por último, dedícate unas frases inspiradoras que resuenen con lo que quieres conseguir:
1. _____
2. _____
3. _____
4. _____

15.
Todo lo que ofreces, todo lo que te llega

Y ahora retomo mi historia con Jorge, que seguro que tenías ganas de más salseo. Pues bien, llegó el día de hacer las fotos para la exposición y apareció en su vespa, con la plancha de su madre en la mano y al grito de «¡Servicio de planchado a domicilio!». Yo había calculado mal el tiempo y había citado a un modelo cada cuarenta minutos. Apenas gastaba unos quince minutos por modelo, así que me sobraba media hora para charlar con Jorge.

Pasamos unas diez horas conociéndonos, había momentos que parecía interesarse por mí, pero no le pillaba el rollo porque era muy sutil. Yo no sabía si le gustaba o simplemente era así de majo. Al terminar la última sesión me pidió que cenara con él en un restaurante frente a la catedral de mi ciudad. ¡Icónico! Pues así pasamos una velada romántica, que terminaría con un paseo del brazo por toda la ciudad. Ya no tenía dudas de que algo le gustaba. Pensé: «¡Qué tío más elegante! ¡Qué señor, paseando del brazo!». Creo que nunca había paseado con nadie que no hubiese sido mi novio oficial.

Cuando llegamos a su vespa, aparcada en la puerta de mi casa, esperaba que se despidiese, pero entró en mi casa. Me pareció superatrevido, porque, aunque yo soy muy ligona, no me voy a la cama en la primera cita, pero lo dejé actuar. Se sentó en mi sofá cinco minutos, me dio dos besos y se fue. ¡¿Qué!? ¿Dos besos? Ahora sí que no entendía nada, así que lo dejé en manos del universo. Pensé: «Bueno, si mañana me despierto con un whatsapp, es que sí que le gusto».

Como jefa del ligoteo que soy, efectivamente, ahí estaba ese mensaje de WhatsApp diciendo: «Buenos días, bonica, ¿has descansado? ¿Te apetece que vayamos mañana a la feria?». En aquel momento, yo tenía la cabeza en otros sitios, había sentido conexión con Jorge y me había parecido bastante diferente a los chicos que había conocido en los últimos años, pero tenía previsto viajar a París a pasar unos días con un bróker que había conocido en mi verano loco de Ibiza. De nuevo acepté su invitación. Ya me ocuparía más adelante del parisino.

Nuestra segunda cita en la feria fue preciosa, pero de nuevo sin beso final, como en nuestro tercer y cuarto encuentro. Me llevaba de la mano por toda mi ciudad, me cogía de la cintura, pero al despedirse ¡no había beso! Y yo soy una antigua para eso y tengo la manía de esperar siempre a que se lance la otra persona.

El día de nuestra quinta cita, pasamos por un fotomatón y le pedí que nos hiciéramos una foto impresa. Al salir, volvió a cogerme de la cintura para abrazarme al caminar y me dio varios besos en la frente. ¡Estaba ya harta! Así que le solté riendo: «Chico, qué valiente eres para darme en la frente todos los besos que no te atreves en la boca». Se puso rojo como un tomate mientras se moría de la vergüenza.

No te conformes con migajas, no tengas prisa por entregarte a cualquiera. Confía en el universo y quédate con quien te haga sentir amada, segura y especial.

Esa noche al llegar a mi casa por fin nos besamos. Sentí que lo había besado millones de veces. Un beso cómodo, esperado y con ganas. Un beso que venía de otras vidas. La conexión fue tal que aquella noche mágica la pasamos abrazados mirándonos. Al día siguiente, dejó su cepillo de dientes en mi casa y sin darme cuenta estábamos viviendo juntos. Desde entonces han pasado trece años. Evidentemente, dejé París por él y al resto de los hombres. Me había enamorado sin darme cuenta; sin momentos tóxicos y sin prisa.

Desde que empezamos y hasta ahora, yo soy su prioridad y así me lo hacía y me lo hace saber en todo momento, me siento amada como nunca. Cada noche antes de dormir me dice lo mucho que me ama, lo feliz que es estando conmigo y lo sexy que soy. Me hace sentirme guapa, me anima cuando estoy mal y me da la mano cuando lo necesito.

No tenemos secretos, si me siento insegura y me da un brote tóxico, me deja revisar su móvil de arriba abajo para quedarme tranquila.

Cuenta conmigo en su día a día y solo se imagina su vida en proyecto conmigo. Soy su primera novia en serio, su primera mujer y, según él, su primer amor real.

Me da impulso en cada proyecto, se alegra casi más que yo con cada uno de mis éxitos, como si fuesen suyos, y tiene pequeños detalles que me hacen sentirme especial. Que sale al huerto, pues al pasar por mi escritorio de trabajo, me deja una florecilla. Que va a comprar el pan, pues me trae una trufa de chocolate, ¡mis favoritas!

Todos los días doy las gracias al universo porque Jorge tiene todos los valores que le pedí en mi carta, y no me di cuenta de esto hasta tres años después de estar con él, había olvidado por completo que había escrito aquel deseo que tardó siete años en llegar. Así que, si estás buscando una persona compañera de vida, te deseo que encuentres «un Jorge». No te conformes con menos, porque no te mereces menos.

La contraseña de hoy es esta:

CUENTA TU HISTORIA

Las personas bonitas de tu vida

El amor no solo puede venir de nuestra pareja, sino también de amigos, familiares o compañeros de trabajo. ¿Quiénes son esas personas bonitas que iluminan tu vida?

TODO LO QUE OFRECES, TODO LO QUE TE LLEGA

Tómate unos minutos para pensar en ellas y agradece:

Nombre: _____
Agradezco que forme parte de mi vida porque
_____
_____

Nombre: _____
Agradezco que forme parte de mi vida porque
_____
_____

Nombre: _____
Agradezco que forme parte de mi vida porque
_____
_____

DIARIO DE GRATITUD

Otro de mis favoritos a la hora de practicar la gratitud es tener un **diario de gratitud**. Es muy similar en forma al diario de manifestación, pero con la diferencia de que, en lugar de estar orientado hacia el futuro, el diario de gratitud se centra en el presente. Es una herramienta sencilla pero poderosa que te ayuda a enfocar tu atención en las cosas positivas de tu vida, grandes o pequeñas, que a menudo pasas por alto. Me encanta esta herramienta porque siempre me ha ayudado a calmarme cuando he estado ansiosa y es un instrumento poderoso para bajar la autoexigencia. En lugar de fijarte en las cosas que te faltan, ponemos en valor todo lo que ya tenemos. Consiste en anotar, de manera regular, las cosas por las que te sientas agradecida, y de este modo fomentas una actitud más consciente hacia la gratitud diaria. Esto puede incluir personas, experiencias, logros, momentos o, simplemente, sensaciones o emociones.

BENEFICIOS DE TENER UN DIARIO DE GRATITUD

- **Mejora el bienestar emocional:** Enfocar tu atención en lo positivo ayuda a disminuir pensamientos negativos y el estrés, lo que promueve un estado mental más equilibrado y optimista. Personalmente, el diario me ayuda muchísimo en mis momentos emocionales más bajos.
- **Aumenta la felicidad:** Numerosos estudios sugieren que practicar la gratitud puede aumentar los niveles de felicidad y satisfacción en la vida. Te ayuda a estar más presente y a disfrutar más de los pequeños momentos. Te hace vivir en el presente, trabajando la sensación de felicidad por las pequeñas cosas que te pasan cada día.
- **Reduce de la ansiedad y la depresión:** Llevar un registro de lo que aprecias en la vida puede reducir los síntomas de ansiedad y depresión, ya que te anima a enfocarte en lo que tienes en lugar de lo que te falta.
- **Mejora las relaciones personales:** Practicar la gratitud te hace más consciente del valor de las personas en tu vida, lo que puede

fortalecer las conexiones personales y hacerte más empática. A veces no somos conscientes de lo afortunadas que somos por tener a esa amiga que nos escucha, a esa vecina que nos da los buenos días o a ese compañero de trabajo que nos hace más llevadero el día.
- **Mejora la calidad del sueño:** Cuando enfocas tu atención en pensamientos positivos antes de dormir, es más probable que tengas una mente tranquila, lo que mejora tu descanso. Llevas tu energía a una sensación de calma, sabiendo que hay muchas cosas por las que dar gracias.
- **Fomenta la resiliencia:** En momentos difíciles, un diario de gratitud te ayuda a mantener la perspectiva, recordándote que siempre hay algo por lo que estar agradecido, incluso en situaciones complicadas. Esa canción que te gusta, una receta que te sale bien, encender una velita que huele increíble, haber descubierto este libro o dedicarte unos minutos para mimarte con tu rutina de belleza: cualquier cosa, por pequeñita que sea, es perfecta para agradecer. Recuerda que vivimos en una situación de privilegio, somos muy afortunadas porque la mayoría de nosotras tenemos un techo bajo el que dormir, comida para alimentarnos y un cuerpo funcional.

CREA TU PROPIO DIARIO DE GRATITUD

Puedes usar una libreta física, una aplicación digital donde escribir o incluso la app de notas de tu móvil. Yo te recomiendo siempre el formato físico porque, al escribir de tu puño y letra, creas una vibración más potente.

Con el movimiento de la mano, realizas un acto físico que fortalece la conexión entre la mente y el cuerpo, haciendo que la experiencia sea más consciente y profunda. Este movimiento genera una **energía** que intensifica el proceso de manifestación y refuerza la ley de la atracción. El movimiento de la mano, al estar acompañado de pensamientos positivos, emite una vibración de alta frecuencia, lo que, según la Ley de la Atracción, atraerá más de lo mismo a tu vida.

Además, el acto de escribir involucra múltiples áreas del cerebro: motricidad, memoria y procesamiento emocional. Cuando escribes una afirmación o una declaración de gratitud, no solo la piensas, sino que la refuerzas a nivel neurológico. Esto aumenta la **retención** de esos pensamientos positivos, lo que puede traducirse en una mayor sensación de bienestar y felicidad a largo plazo. El escribir te ayuda a **alinear** tus pensamientos con tu cuerpo, creando una resonancia emocional más fuerte. A medida que escribes lo que agradeces, no solo lo estás pensando, sino que lo estás sintiendo de una manera más profunda. Esta alineación refuerza tu vibración energética, enviando señales claras al universo sobre tus deseos y emociones.

CÓMO USAR EL DIARIO DE GRATITUD

1. **Establece una rutina diaria o semanal:** Decide si quieres escribir todos los días o solo un par de veces por semana, dependiendo del tiempo que tengas disponible. Para mí, como esto es prioritario, lo hago todas las noches antes de dormir y guardo mi diario en mi mesilla, así no me olvido. Puedes elegir el momento del día que más resuene contigo, como por la mañana para empezar con buen

ánimo, o por la noche antes de dormir para reflexionar sobre el día.

2. **Escribe al menos 3 cosas cada vez:** No es necesario que sean cosas grandes o significativas, lo importante es encontrar gratitud en lo cotidiano. Puede ser algo tan simple como «agradezco la comida de hoy», «agradezco haber recibido un mensaje de mi amiga» o «estoy agradecida por el sol que hizo esta mañana». Cualquier pequeña cosa que te haya hecho feliz sirve, y cuantas más cosas tengas para agradecer, mejor.

3. **Sé específica:** En lugar de simplemente decir «estoy agradecido por mi familia», intenta profundizar un poco más. Por ejemplo: «Estoy agradecido por la charla que tuve hoy con mi madre, me hizo sentir comprendida».

4. **Escribe en positivo, en presente e incluye detalles y emociones:** Utiliza un lenguaje positivo y presente, como «agradezco que hoy me haya sentido llena de energía» en lugar de enfocarte en lo negativo. Describe cómo te hacen sentir esas experiencias o personas por las que te sientes agradecida. Este proceso ayuda a reforzar el impacto emocional positivo.

5. **No te repitas demasiado:** Trata de encontrar diferentes aspectos de tu vida por los que estar agradecida. Esto te ayudará a ver lo bueno en diferentes áreas. No importa que puntualmente repitas algo de un día para otro, pero intenta focalizarte en encontrar cosas nuevas por las que dar las gracias.

6. **Sé constante, pero no te fuerces:** La gratitud debe fluir naturalmente. Si tienes un mal día y no sientes gratitud por nada en particular, está bien. Lo importante es no verlo como una obliga-

ción, sino como una práctica que fortalece tu bienestar con el tiempo.

El principal objetivo es centrarse en el agradecimiento y en lo que ya tienes en tu vida, lo que ayuda a cultivar una mentalidad de abundancia. Aquí anotas cosas por las que te sientes agradecida cada día, ya sean grandes o pequeñas, desde relaciones personales hasta momentos simples o logros cotidianos. Te enfocas en lo que ya posees o experimentas. Si no tienes un diario a mano, te regalo el mío, que puedes descargarte gratuitamente aquí:

ACTIVA TUS PODERES

Da las gracias

Antes de terminar este capítulo, da las gracias por tres cosas buenas que te hayan ocurrido durante el día:

1. _____
2. _____
3. _____

Además del **panel de visualización y el diario de gratitud**, existen otras herramientas poderosas que puedes utilizar para aplicar la Ley de la Atracción y potenciar aún más tus manifestaciones. Estas herramientas te ayudan a mantener un enfoque claro, a elevar tu vibración y a atraer lo que deseas a tu vida.

TABLERO DIGITAL DE VISUALIZACIÓN

Además del clásico panel de visualización físico que te contaba antes, hoy en día puedes crear un tablero digital utilizando herramientas como Pinterest o Canva, o incluso crear un fondo de pantalla personalizado para tu ordenador o teléfono móvil. Te dejo algunos trucos para que puedas hacerlo a tu gusto:

- Reúne imágenes y frases que representen tus deseos.
- Crea una carpeta en Pinterest o diseña un collage en Canva o cualquier otra plataforma que te permita juntarlo todo en un solo lugar.
- Utiliza ese tablero digital como fondo de pantalla o visualízalo de manera regular para mantener tu mente enfocada.
- La mayoría de los teléfonos tienen la opción de lanzar imágenes aleatorias de una carpeta. Hazte una carpeta en tu móvil con todas las imágenes.

ACTIVA TUS PODERES

CREA TU TABLERO DIGITAL

Antes de terminar este capítulo, te propongo otra actividad para materializar tus deseos y metas a través del tablero digital. Sigue estos consejos y da el primer paso hacia la vida que sueñas:

Piensa en tus metas: Reflexiona sobre qué te gustaría lograr o atraer a tu vida. ¿Qué objetivos quieres visualizar?
Objetivo / sueño 1 _____
Objetivo / sueño 2 _____
Objetivo / sueño 3 _____

Busca inspiración: Piensa en tres imágenes o frases que representen tus deseos más importantes.

¿Qué tipo de imágenes te gustarían para representar el sueño 1?
_____
_____

¿Qué tipo de imágenes te gustarían para representar el sueño 2?
_____
_____

¿Qué tipo de imágenes te gustarían para representar el sueño 3?

_____
_____

Organiza tu tablero: Ahora busca las imágenes en Pinterest y crea un collage digital con estas tres imágenes usando Canva o Instagram Stories, o simplemente agrégalas a una carpeta especial en tu móvil.

Ten presente tu creación: Dedica unos minutos a visualizarlo cada día y observa cómo tus pensamientos empiezan a alinearse con tus objetivos. ¿Cómo te hace sentir tu tablero digital?

_____
_____
_____

✧ **La visualización es el primer paso hacia la manifestación. ¡Empieza ahora!**

ALTAR DE INTENCIONES

Otra herramienta poderosa que me encanta para aplicar la Ley de la Atracción es tener un altar en casa. Además de ser un espacio superbonito en un rincón especial, es un lugar sagrado donde puedes concentrar tu energía, enfocarte en tus intenciones y conectar contigo misma de manera más profunda. Un pequeño santuario personal que te ayuda a mantener tus metas y deseos presentes en tu día a día, que actúa como un recordatorio visual de tus intenciones y como un espacio de reconexión que te brinda un lugar donde puedes meditar, reflexionar y conectar con tus intenciones y metas. Así que ¡vamos al lío!

BENEFICIOS DE TENER UN ALTAR

- Creas un espacio de paz y serenidad en tu hogar.
- Mantienes tus deseos presentes en tu mente y en tu corazón.
- Elevas tu energía vibracional y atraes lo que deseas con mayor facilidad.
- Fomentas una rutina diaria de conexión y reflexión personal.

CÓMO CREAR UN ALTAR

1. **Elige un espacio tranquilo:** Busca un lugar en tu hogar donde puedas sentirte en paz y tranquila. No tiene que ser un espacio grande; puede ser una pequeña mesa, un estante o incluso un rincón en tu escritorio.

2. **Selecciona objetos significativos:** Los objetos que coloques en tu altar deben tener un significado especial para ti. Pueden ser velas, cristales, figuras, plantas, fotos o cualquier cosa que represente tus metas, deseos y la energía que deseas atraer.
3. **Elementos naturales:** Incorpora elementos de la naturaleza como piedras, flores o plumas para traer la energía de la tierra a tu altar. Estos objetos pueden ayudarte a sentirte más conectada y enraizada.
4. **Objetos de intención:** Puedes incluir elementos que representen tus deseos específicos. Por ejemplo, si quieres atraer amor, podrías poner una figura de dos corazones. Si estás trabajando en tu confianza, un cristal de cuarzo rosa puede ayudarte a centrarte en la autoaceptación y el amor propio.
5. **Guías espirituales:** Puedes honrar la memoria de las personas especiales que ya no están contigo poniendo en tu altar una lista con los nombres de tus seres queridos ausentes para sentir que te protegen. Así, cada día, cuando vayas a tu altar, les tendrás presentes y les agradecerás su ayuda. Puedes encender una velita pequeña de las de quemador para dejar que se consuma entera, cerrar los ojos y visualizar tus metas. Permítete sentir gratitud por todo lo que tienes y por lo que está por venir. Sobre todo, recuerda no dejar la vela encendida sin vigilancia, a ver si la liamos con los misticismos.

ACTIVA TUS PODERES

PLANIFICA TU ALTAR DE INTENCIONES

Antes de montar tu altar, te propongo un ejercicio reflexivo para que diseñes este espacio sagrado de manera consciente y lo cargues de significado y conexión personal. Este ejercicio te ayudará a definir qué incluir en tu altar y por qué, asegurándote de que cada elemento represente algo importante para ti.

Reflexiona sobre tus intenciones

1. ¿Qué te gustaría atraer a tu vida con este altar? (amor, paz interior, confianza, abundancia, etc.)
   _____
   _____

2. ¿Qué intenciones deseas mantener presentes en tu día a día?
   _____
   _____

3. ¿Hay alguna situación, emoción o relación que quieras sanar o liberar?
   _____
   _____

TODO LO QUE OFRECES, TODO LO QUE TE LLEGA

Conexión con personas y energías especiales

1. Piensa en personas especiales que ya no están contigo. ¿Quiénes son esas personas a las que quieres honrar o sentir cerca? Escribe sus nombres y, si quieres, alguna frase o recuerdo que te conecte con ellas.
   _____
   _____

2. ¿Qué cualidades de estas personas te gustaría integrar en tu vida? Por ejemplo: sabiduría, protección, fortaleza, amor.
   _____
   _____

Elementos de la naturaleza que te inspiran

1. ¿Qué elementos de la naturaleza te hacen sentir calma y conexión? (piedras, conchas, flores, ramas, plumas)
   _____
   _____

2. ¿Hay algún lugar especial, como una playa, un bosque o una montaña, que te inspire? Piensa en cómo podrías representarlo en tu altar.
   _____
   _____

Objetos que simbolizan tus intenciones

1. Para cada intención que escribiste en el primer punto, elige un objeto que la represente. Por ejemplo, para el amor propio, un cuarzo rosa, una drusa de amatista o una llave, que te da la seguridad de que abrirás todas las puertas que necesites; para la abundancia: una moneda especial, un objeto dorado o una hoja de laurel; para la paz interior: una vela blanca o un cuarzo blanco; para el amor: un lazo rojo o un corazón que te guste.

2. Escribe por qué elegiste cada objeto y qué significado tiene para ti.

_____
_____

Planifica tu ritual diario

1. ¿Dónde vas a colocar este altar?

_____
_____

2. ¿Cuánto tiempo dedicarás a la semana a meditar, reflexionar o, simplemente, observarlo?

_____
_____

3. ¿Qué vas a hacer para conectarte con tu altar? (Encender una vela, prender un poco de incienso, darle las gracias, perfumarlo, afirmaciones…, cualquier cosa que sientas está bien).

_____

_____

Ejemplo de reflexión completa

Intención: Atraer confianza y amor propio.
Personas que me guían: Mi tía abuela Isabelita. Siento que me guía. Incluiré una foto suya y sus pendientes.
Elementos de la naturaleza: Una concha que recogí en la playa y un cuarzo rosa que me regalaron.
Objeto simbólico: Un espejo pequeño para recordar mirarme con amor y aceptarme como soy.
Ritual diario: Cada mañana encenderé una vela y repetiré la afirmación «Gracias, universo, porque soy canal de amor y de abundancia. Confío en mi camino».
Cuando hayas completado tu reflexión, tendrás un plan claro para montar tu altar de intenciones. Recuerda: no necesitas que sea perfecto, solo que sea auténtico y represente lo que hay en tu corazón.

Crea tu altar de intenciones

Es posible que, mientras te explicaba cómo crear tu altar, te vinieran a la mente los elementos que usarías para crear el tuyo. Aquí dispones de un espacio para anotarlos y así tendrás ya parte del trabajo hecho.

En mi altar tendré los siguientes elementos naturales:
-
-
-

Estos elementos de intención:
-
-
-

Y estos elementos a modo de guías espirituales:
-
-
-

Lo colocaré en _____

☐¡Manos a la obra! Tu altar será tan único como tú.☐

16.
El dinero como energía de abundancia

Cuando eres pobre, no sabes que eres pobre, y cuando eres un niño, todo te va bien. Al no tener más experiencias para comparar, normalizas tu realidad y no echas de menos algo que no has tenido.

Como te contaba al principio, cuando yo era pequeña no se elegían regalos de Navidad, simplemente despertaba con lo que me hubiesen dejado, pero nunca faltaba un plato con chocolates y golosinas. No siempre eran los mismos dulces, pero era muy común la típica minibotellita de sidra de chocolate, una mandarina de azúcar, una muñequita rellena de anises, algunas monedas y un paquete de cigarrillos de chocolate. Alcohol y tabaco en forma de chocolate, ¡maravillosos 90!

Solía pasar todas las vacaciones en el piso de mis abuelos maternos, pero sin duda mis favoritas eran las de Navidad porque la casa se llenaba de familia. Son los recuerdos más bonitos que tengo de la infancia: mi abuelo contaba chistes, mi tío tocaba el acordeón, mi madre se disfrazaba y mi abuela repartía el aguinaldo mientras cantábamos villancicos huertanos frotando una botella de anís vacía.

Mis abuelos vivían sobre una confitería donde casualmente vendían aquellas mismas golosinas. Ahora sé que añadían a última hora este detalle tan económico para llenar el espacio que dejaban mis Reyes *low cost*, pero yo siempre pensaba que, aunque se hubiesen olvidado del regalo que yo quería, no se habían olvidado de las chuches. Por eso, cada día de Navidad al despertarme, lo que más ilusión me hace es encontrar ese humilde platito de chuches y chocolates navideños.

Desde pequeña me di cuenta de lo importante que era el dinero: mis padres me habían enseñado que trabajar era más importante que prestarme atención. Cuando les reclamaba porque los padres de mi amiga habían hecho un plan en familia, siempre me decían que ellos tenían mucho dinero, pero me prometían que después de la temporada de verano tendríamos suficiente para hacer ese plan, que nunca llegaba por muy sencillo que fuese.

Una vez mi padre me dijo que un día saldríamos a pasear en bici con mi madre. Eso nunca sucedió, me pasé meses preguntándole cuándo lo haríamos. Cada año, mi madre me prometía que al siguiente iríamos a Disney. Los años pasaron y, cuando cumplí quince, me dio a elegir entre ir al parque de París con la familia de mi hermana o comprarme el ordenador que necesitaba: de nuevo no teníamos suficiente dinero para el viaje. Evidentemente, ya había perdido la esperanza de que aquella promesa se cumpliera y elegí el ordenador.

Yo vestía con ropa heredada, normalmente parcheada hasta donde no se podía parchear. Me río cuando recuerdo que, siempre que mi madre llegaba con alguna novedad textil de mis primos, me decía «Mira, estos pantalones son el último grito», aunque fuesen del siglo pasado. Esto es algo que me sigue diciendo cuando intenta convencerme para que me quede con algo.

A mi familia nunca le faltó para comer, pero cuando se me rompieron las gafas, las llevé remendadas con esparadrapo durante dos años y medio. En ocasiones sintetizo diciendo que vengo de una familia pobre, y muchas veces me regañan diciendo que no éramos pobres, porque teníamos una casa y comida. Objetivamente, no sé qué es ser pobre o con qué hay que compararlo. Lo que sucede es que yo sí me sentí pobre porque mis padres solo estaban enfocados en hacer dinero trabajando y nunca me prestaban atención.

Mi carácter emprendedor desde aquel puestecito de pulseras de hilo en la puerta de mi bar, la ambición con mi primera experiencia en el *network marketing* o mi habilidad comercial para sacar las mejores propinas han hecho que lleve toda mi vida trabajando para darle a mi niña interior todas las cosas materiales que no tuvimos. Siempre he tenido trabajo, porque soy trabajadora. Cuando no lo he tenido, me lo he inventado. Desde entonces, siempre he tenido dinero.

Pero no fue hasta que conocí a Jorge cuando empecé a usar mi dinero para hacer más dinero. Él había estudiado economía y alucinaba con la facilidad que yo hacía dinero. La verdad es que nadie me había enseñado qué hacer con él, aparte de disfrutarlo, porque en el bar de mis padres no había ninguna educación financiera. Si pasaba un proveedor y había dinero en la caja, cobraba; si no había, pues volvía otro día. Tenían cero previsión. Así que nunca salían del bucle de deudas y las promesas de familia nunca llegaban.

Tal y como había leído en *Los secretos de la mente millonaria,* de T. Harv Eker, yo tenía un patrón financiero mental formado en la infancia, basado en lo que había escuchado toda mi vida y lo que había experimentado sobre este tema. Todo ello determinaba mi relación con el dinero y los límites subconscientes que le ponía a mi riqueza. Siempre había pensado que la gente con dinero era mala, como el tío Gilito del Pato Donald, que era egoísta, o como el señor Burns de los Simpson, que nos da a entender que es incompatible ser generoso o empático con tener dinero. Pensaba que los millonarios solo lo habían conseguido de forma sucia, con falta de ética o pisando a los demás, sin trabajar. Estas creencias limitantes pueden parecer inofensivas, pero actúan como programas subconscientes que dirigen nuestras decisiones financieras e influyen en nuestra realidad económica. Así que comencé por trabajar en la reprogramación de mi mentalidad pobre, aunque confieso que hay muchos días que siguen apareciendo estos pensamientos intrusivos.

Para atraer la abundancia económica a tu vida, primero tienes que reprogramar las creencias que tienes sobre el dinero.

Yo siempre había creído que las mujeres no éramos buenas con el dinero, que lo derrochábamos y no sabíamos administrarlo. Desde pequeña había pedido dinero a mi madre, pero ella siempre me decía que se lo pidiese a mi padre. Hoy todavía seguimos viendo la diferencia salarial entre hombres y mujeres. Por otro lado, las abuelas siempre decían que una mujer debía priorizar el hogar y la familia antes que el dinero. Las mujeres eran las cuidadoras y si tenían dinero, según ellas, era de su marido, no por haberlo obtenido con su esfuerzo, y que a saber de dónde lo habrían sacado.

ACTIVA TUS PODERES

Visualiza la abundancia financiera

En anteriores capítulos te he explicado cómo puedes visualizar aquello que quieres conseguir para atraerlo a tu vida. Y, sí, al dinero también puedes invocarlo gracias al poder de la visualización. ¿Cómo te quedas? No me digas que no vale la pena intentarlo. Aquí tienes el paso a paso: en un espacio cómodo de tu casa, haz varias respiraciones profundas. A continuación, visualiza una gran mesa delante de ti. Sobre ella, comienza a ver cómo se acumulan montones de billetes grandes, cheques y monedas brillantes. Estos representan el dinero y la abundancia que fluye hacia ti.

Siente la satisfacción al ver cómo este dinero llega a ti fácilmente, en cantidades que superan tus expectativas.

Visualízate revisando tu cuenta bancaria y viendo un saldo que te hace sentir segura y en paz. Observa cómo los números en la pantalla reflejan una estabilidad y prosperidad financiera. Siente la tranquilidad y el alivio que proviene de saber que tienes más que suficiente para cubrir todas tus necesidades y deseos.

Imagina cómo utilizas este dinero de manera sabia y consciente. Visualízate pagando todas tus facturas con facilidad, haciendo inversiones inteligentes y comprando cosas que realmente valoras. Puede ser una casa nueva, un viaje soñado, o simplemente disfrutar de un estilo de vida que te brinda comodidad y satisfacción.

Siente la alegría y la gratitud inherentes a poder ofrecerte estas cosas.

Consejo extra: *Mientras te visualizas disfrutando de esta abundancia, repite afirmaciones como: «Gracias, universo, porque soy un imán de abundancia, el dinero fluye hacia mí con facilidad porque lo merezco y lo uso de forma inteligente ayudando a los demás y a mí misma». Permítete sentir profundamente estas afirmaciones, integrándolas en tu ser y haciéndolas parte de tu realidad diaria.*

EL DINERO COMO ENERGÍA DE ABUNDANCIA

MUJER Y ABUNDANCIA

Jorge comenzó a enseñarme lo más básico de la educación financiera. Primero quiso saber en qué se iba todo mi dinero cada mes y comenzó a controlarlo en una cuenta de gastos. Empecé a ahorrar todo lo que podía y lo separé en una cuenta de ahorro, de esta forma al menos era consciente de cómo estaba usando el dinero. Después empecé a optimizar mi trabajo. En aquel momento aceptaba todos los trabajos que me llegaban, sin ser consciente de si me eran rentables o no. Apenas tenía tiempo, porque trabajaba mucho, así que empecé a decir que no a muchos proyectos. Comencé a ajustar los precios de los que aceptaba, calculé cuánto costaba mi hora de trabajo, mi creatividad, etc.

Fui evolucionando en mi trabajo, que cada vez era más rentable. Como diseñadora gráfica no ganaba mal, pero los proyectos se me alargaban mucho y finalmente mi hora era muy barata. Me cambié al sector de la fotografía de bodas, donde comencé cobrando 350 € por mi primera boda. Después de una estrategia de marca personal, en cinco años acabé cobrando 3200 € y posicionándome en el sector lujo. Paralelamente, siempre he trabajado en márquetin y publicidad, una industria que mueve muchísimo dinero, por lo que me propuse ser creadora de contenido de forma profesional para conseguir el máximo dinero en el mínimo tiempo posible, y así lo hice. Siento no contarte la típica historia romántica de que un vídeo se viralizó y que casualmente acabé siendo influencer, no, no fue así. La realidad es que ideé un proyecto empresarial muy rentable y me puse a trabajar duro en él.

Durante todo ese proceso de cambios de trabajo, comencé a leer mucho sobre crecimiento personal y libertad financiera. Aprendí que hay que tener proyectos en diferentes sectores. La típica frase de «pon tus huevos en diferentes cestas» es cierta. Así que lancé mi escuela online de fotografía y márquetin. En ese momento el país se cerró por el COVID, mi negocio de fotografía de bodas se fue a tomar viento porque nadie se podía casar. Muchos compañeros se arruinaron. Sin embargo, la gente tenía tiempo libre para formarse y mi escuela era perfecta para ello. Se dispararon las ventas de mi segundo negocio, por lo que nunca dejé de facturar.

En el libro *Padre rico, padre pobre* leí que era importante tener ingresos pasivos, esos ingresos que recibes sin invertir tu tiempo y esfuerzo constante. Con esa idea lancé una línea de cursos online grabados. Gasté mi tiempo en diseñarlos, pero ahora gano dinero mientras hago otra cosa. Además, unas tres veces al año imparto un curso de estrategia en redes, donde enseño a las marcas, tanto profesionales como personales, a crecer y a ser más visibles sin pagar publicidad y sin comprar seguidores falsos.

Quería invertir en bienes raíces, es decir, en inmuebles, y el universo, que siempre hace de las suyas, me trajo como alumno a mi curso de estrategia al mayor referente en la formación en inversión inmobiliaria de España, José Muñoz, y ahí mi cabeza hizo clic. Me di cuenta de que la única forma de hacer dinero es con dinero y no importa que tengas mucho o poco, hay opciones desde para todos los bolsillos.

O sea que Jorge y yo nos formamos con él y comenzamos a invertir en este sector. Primero compramos una casita cueva que estaba abandonada, la restauramos y la alquilamos para turismo rural. Ahora esta es la propiedad más rentable que tenemos.

EL DINERO COMO ENERGÍA DE ABUNDANCIA

Sé que la mayoría de la gente, cuando ha sido pobre y empieza a ganar dinero, se vuelve loca subiendo su estilo de vida y gastando como «nuevo rico», pero por desgracia mi trabajo es inestable. Dependo de una plataforma para facturar y no puedo arriesgarme a dejar de tener los pies en la tierra. ¿Y si cierra Instagram algún día? Para entonces ya tendré todo mi paraguas empresarial hecho, muy mal se tienen que dar las cosas para que todas mis cestas se vacíen.

Sé que da mucho miedo invertir porque las cosas pueden salir mal, pero no quiero dejar mi futuro en manos de otros, no quiero esperar a descubrir si finalmente tendré una pensión digna para vivir, o si el Estado me dará una ayuda cuando sea dependiente. Invertir es la única forma de salir de la rueda de la rata. Si eres autónoma o emprendedora, puedes lesionarte y tener que cerrar tu negocio. Si eres asalariada, dependes de que tu jefe quizás te eche cuando seas más mayor. Si eres funcionaria, dependes del gobierno. Hoy soy joven y estoy sana para hacer dinero y dejar de depender de los demás.

Para mí, el dinero no es lo más importante, pero sí es muy importante. El dinero son las alas para impulsar mis proyectos, es la conciliación, el tiempo que dedico a mis personas favoritas, es poder contratar a la persona que nos ayuda con mi padre enfermo de Alzheimer, es vivir sin apuros con un colchón para cuando lleguen los momentos difíciles, es darme un capricho que me merezco, es ayudar a los demás.

EL PODER DE VERTE BIEN

MÍRATE BIEN

¿Qué es para ti el dinero?

Cada persona tiene una relación con el dinero que, como has visto, puede evolucionar con el tiempo. ¿Cómo te relacionas con él? Sé honesta en tus respuestas y no te juzgues, tal vez nunca hayas tenido una buena educación financiera y te cueste verlo como algo bueno.

Define el dinero con 5 palabras:
1. _____
2. _____
3. _____
4. _____
5. _____

¿Crees que te mereces ganar más dinero? ¿Por qué? ¿O por qué no?
_____
_____

¿Consideras que se te da bien generar oportunidades para ganar dinero?
_____
_____

EL DINERO COMO ENERGÍA DE ABUNDANCIA

¿Cuántas fuentes de ingresos tienes?

_____

_____

¿Has pensado en aumentar tus fuentes de ingresos? ¿Haciendo qué actividades?

_____

_____

¿Qué talentos tienes que podrías monetizar para ganar un dinero extra?

_____

_____

COMO DECÍA MINNELLI: *MONEY, MONEY*

Sin dinero, no puedes hacer más dinero, o sea que el primer paso es ahorrar para una buena gestión financiera. Sé que es muy difícil empezar si vienes desde abajo como yo, así que aquí te he preparado algunas ideas para que te resulte más fácil:

1. **Automatiza tus ahorros:** Configura una transferencia automática desde tu cuenta corriente a una cuenta de ahorros cada vez

que recibas tu sueldo o una vez al mes, cuando sepas que puedes cumplir puntualmente. Da igual el tamaño del importe, intenta que sea lo máximo posible sin sentirte ahogada. Yo lo tengo puesto en una cuenta de ahorro que, además, me da un pequeño interés mes a mes. De esta manera, ahorras sin tener que pensar en ello.

2. **La regla del 50/30/20:** Esta regla y los siguientes trucos los aprendí en el libro *Ahorra y vencerás*, de mi amiga Sara Ferrer. Ella propone que distribuyas tus ingresos netos de la siguiente manera: 50 % para gastos fijos o necesidades (alquiler, comida, transporte), 30 % para deseos y caprichos (entretenimiento, cenas fuera) y el 20 % restante para ahorros o pago de deudas imprevistas. Ajustar estos porcentajes puede ayudarte a encontrar un equilibrio financiero saludable.

3. **Redondeo de compras:** Hay muchas apps bancarias que ofrecen la opción de redondear tus compras al siguiente euro y transferir la diferencia a tu cuenta de ahorros. Es una manera sencilla y casi imperceptible de aumentar tus ahorros. Es decir, si esa *blazer* de Zara cuesta 29,50 €, cuentas que te ha costado 30 € y esos 0,50 € te los transfiere automáticamente.

4. **Método 52 semanas:** Este es un reto popular en el que ahorras una cantidad creciente cada semana durante un año. Empiezas con una pequeña cantidad (por ejemplo, un euro) y aumentas un euro cada semana. Al final del año, habrás ahorrado una suma considerable para empezar a invertir.

EL DINERO COMO ENERGÍA DE ABUNDANCIA

Y ahora que hemos conseguido ahorrar, vamos a invertir y multiplicar nuestro dinero. Hay muchas formas, pero te explico las que son más seguras y he probado con éxito:

1. **Bienes raíces.** Mi favorita, sin duda. Invertir en bienes raíces es una forma poderosa de generar ingresos pasivos. Se trata de comprar propiedades para alquilar que te dan un flujo constante de ingresos. A medida que los valores de las propiedades aumentan con el tiempo, también lo hace tu inversión. Eso sí, necesitas una inversión inicial considerable. Te recomiendo formarte muy bien antes de empezar a invertir en la escuela de JoseMuñoz.Pro.
2. **Crear diferentes Fuentes de ingresos.** Depender de una sola fuente de ingresos es arriesgado. Como te contaba, al tener diferentes cestas para mis huevos, durante el COVID podría haberme arruinado, y sin embargo multipliqué mi negocio. Considera crear diferentes fuentes de ingresos. Cuantas más fuentes de ingresos tengas, más resistente será tu situación financiera.
3. **Invertir en conocimiento.** Como dice Robert Kiyosaki, el activo más importante es tu mente. Invertir en tu educación, en aprender nuevas habilidades o en mejorar las que ya posees puede tener un retorno de inversión mucho mayor que cualquier activo financiero. Cuanto más aprendas, más ganarás y más puertas descubrirás que tenías por abrir.

Las creencias limitantes sobre el dinero son como cadenas invisibles que nos atan a una vida de limitaciones financieras, especialmente si eres mujer. Te recomiendo muchísimo leer *Mujer millonaria*, de Kim Kiyosaki. Estoy harta de ver a mujeres que con cincuenta años se quedan sin trabajo y en riesgo de exclusión laboral, mujeres que dependen de su marido financieramente y, al morir ellos, acaban siendo pobres o renunciando a su estilo de vida. Mujeres que, simplemente por ser mujeres, cobran hasta un 30 % menos en el mismo puesto que un hombre. ¡Basta ya! Somos válidas, somos suficientes y tenemos el poder de manejar solitas nuestras finanzas.

Recuerda que el camino hacia la libertad financiera no va solo de acumular dinero, va también de aprender a gestionarlo, invertirlo y hacerlo crecer de manera inteligente. La educación financiera y una mentalidad de abundancia son las claves para abrirte las puertas de tu futuro, próspero y lleno de oportunidades.

La contraseña de hoy es esta:

ACTIVA TUS PODERES

Lleva un control de tu dinero

Te propongo que, durante un mes, mires con más cariño a tu dinero y empieces a ahorrar. En una hoja de papel, un Excel o una nota en el móvil anota:

- Cuánto dinero quieres ahorrar: transfiérelo a una cuenta o sepáralo nada más te llegue la nómina.
- Cada gasto que haces.

> - A qué categoría pertenece: alquiler/hipoteca, alimentación, transporte, ocio, belleza, caprichos...
> - Cuánto te sobra a final de mes.
>
> ¿A qué conclusiones llegas?
> _____
> _____
>
> ¿En qué categoría gastas más dinero? ¿Eras consciente de ello?
> _____
> _____
>
> ¿Has conseguido ahorrar todo el dinero que te proponías? ¿Te ha supuesto mucho esfuerzo?
> _____
> _____
>
> Tener control sobre tu dinero es tener control sobre tu vida, no lo olvides.

CÓMO MANIFESTAR ABUNDANCIA FINANCIERA

Como has visto a lo largo del libro, la manifestación es una potente herramienta para atraer a tu vida aquello que tanto quieres y sirve para cualquier situación. Ahora te explicaré cómo puedes manifestar dinero. ¡Vamos a ello!

ACTIVA TUS PODERES

La ducha de oro

A continuación, te propongo una sencilla práctica que puedes hacer cada día para manifestar el dinero en tu vida. ¡No pierdes nada por intentarlo! Aquí tienes el paso a paso:

1. Preparación y relajación

Cuando te prepares para la ducha, utiliza este momento como una oportunidad para conectar con tus metas de abundancia. Una vez dentro, respira profundamente para calmarte y concentrarte. Cierra los ojos un momento y establece tu intención de aprovechar este tiempo para manifestar abundancia.

2. Imaginando la ducha de oro

Una vez que estés bajo el agua, empieza a visualizar como, en lugar de agua común, estás rodeada por una lluvia color oro. Imagina que cada gota de agua que toca tu piel es de un resplandeciente oro líquido. Siente como la temperatura del agua dorada es agradable y cálida, lo que crea una sensación de confort y lujo.

EL DINERO COMO ENERGÍA DE ABUNDANCIA

3. La experiencia sensorial

Mientras el agua cae sobre ti, enfócate en cómo cada gota dorada te envuelve. Imagina que el oro líquido tiene una textura suave y lujosa, y que cada gota refleja la luz de manera brillante. Siente cómo esta lluvia dorada no solo toca tu piel, sino que también llena el ambiente con una luminosa energía de prosperidad.

4. La sensación de abundancia

Permítete sentir la satisfacción de estar rodeada por esta lluvia de oro. Siente cómo la abundancia te envuelve y te llena de una profunda sensación de seguridad y plenitud. Visualiza cómo esta lluvia dorada también está transformando tu baño en un espacio de éxito y prosperidad.

5. Reafirma

Mientras te enjuagas, repite afirmaciones que refuercen tu creencia en la abundancia. Puedes decir en voz alta o en tu mente: «El dinero fluye hacia mí con facilidad y en abundancia. Soy un canal de abundancia, un imán para el dinero. Estoy agradecida por toda la prosperidad que llega a mi vida y la utilizo sabiamente para mi bienestar y el de los demás».

6. Integración y cierre

Permanece en esta visualización durante unos minutos, sintiendo la experiencia de la lluvia dorada y la abundancia que representa. Cuando termines tu ducha, abre los ojos lentamente y vuelve al presente, llevando contigo la sensación de prosperidad y seguridad que has experimentado.

Esta técnica convierte un momento cotidiano en una poderosa práctica de manifestación, integrando la visualización de abundancia de manera efectiva en tu rutina diaria. Haz que tu día a día esté lleno de manifestaciones poderosas para llegar a tus metas y cumplir tus sueños.

17.
Permitámonos ser imperfectas

Al igual que en tus series favoritas, llegamos a los últimos episodios, pero vendrán más temporadas. Porque tu historia acaba de comenzar y cada día tienes la oportunidad de escribir un nuevo guion. Todo lo que has leído hasta aquí es una invitación para que abraces tu propia transformación, para que reconozcas que, sin importar de dónde vienes, tú tienes el poder de decidir hacia dónde vas.

Cada caída, cada herida, cada momento en el que te sentiste invisible, gorda, insuficiente o perdida, no define quién eres. Al contrario, todos esos momentos incómodos son los que te hacen ahora ser la persona increíble que eres. Siempre me preguntan si me da pena haber tenido mi infancia, y la verdad es que no. Primero, porque no me puedo comparar con algo que no he vivido y segundo, porque siento que cada vez que te enfrentas a una situación complicada ganas otra prenda de tu traje de superhéroe. Siento que son los pasos que nos han llevado a descubrir nuestras propias fortalezas.

Puede que hayas cometido errores; todos los hemos cometido. Y si hay algo que he aprendido es que el perdón empieza por uno mismo. **Permítete perdonar a la versión de ti que no sabía hacerlo mejor.** Perdona a la mujer que alguna vez se dejó pisotear, que creyó las mentiras que otros le decían y que se sintió pequeña. Porque esa mujer fue valiente y, en su lucha diaria, estaba preparando el camino para ser quien es hoy. Y cuando te permites sentir y aceptar tus emociones, estás construyendo relaciones más honestas y reales, contigo misma y con los demás.

Si algo he aprendido a lo largo de mi camino es que la vida no sigue un guion preestablecido. No importa si llevas años en una situación que no te hace feliz; siempre tienes el poder de reinventarte, de dar un giro a tu historia y empezar de nuevo. Da igual si es a los veinte, treinta, cincuenta o setenta años. Tu edad no define tus posibilidades, y cada día que despiertas es una nueva oportunidad para construir algo diferente. Para eso, **necesitas cuidarte**. Y, cuando digo cuidarte, no me refiero solo a ponerte una mascarilla o darte un baño caliente (aunque también mola). Hablo de cuidar tu mente, tus emociones, de aprender a escucharte a ti misma y de dar prioridad a lo que realmente te hace bien. Meditar es una de las herramientas más eficaces para encontrarte contigo misma y escucharte.

Cada día es una nueva oportunidad de transformar tu vida y dirigirla hacia donde quieres ir. Acéptate, perdónate y sigue con tu camino.

PERMITÁMONOS SER IMPERFECTAS

Ve al psicólogo si lo necesitas. Para mí es como un servicio de limpieza mental, siempre hay rincones que necesitan un repasito. Aprenderás a establecer metas realistas y sobre todo a celebrar tus logros practicando la gratitud.

Tu cuerpo es tu hogar. Y aunque quizás no sea el cuerpo perfecto, amiga, es el único que tienes y merece todo tu **respeto y cariño**. Aprende a mirarlo con amor, a aceptarlo con sus curvas, sus marcas y sus imperfecciones. No es fácil, nada fácil, lo sé. A mí me ha llevado años de terapia. Pero debes pensar que no tenemos el cuerpo que sale en las revistas, pero sí el cuerpo que te sostiene cada día, el que te permite moverte, abrazar y vivir. Siempre pienso en esa jefa horrible que me humillaba diciendo: «No vales para nada, estás fatal, vaya celulitis, tú es que eres tonta, tápate la cicatriz, maquíllate un poco, hija, ¡anda, sí! Tú no vas a llegar a nada, hija, que fea estás». Y luego me asusto cuando me doy cuenta de que esa jefa horrible y tirana soy yo misma frente al espejo. ¿Cómo soy capaz de hablarme así a mí misma? Jamás hablaría así a nadie, un poquito de autocompasión, señora.

Permítete soñar en grande. Cierra los ojos e imagina la vida que deseas, con todos los detalles, los colores, los sonidos y las emociones que te gustaría sentir. Y luego ábrelos, sabiendo que no hay nada imposible para una mujer que está dispuesta a luchar por lo que quiere. Haz de esa visión tu motor, tu motivación diaria para levantarte, para aprender, para crecer, para ser tu propia versión de éxito.

Querida amiga, no hay sueño demasiado grande, ni herida que no pueda sanar. Puedes construir la vida que deseas, confiando en que dentro de ti hay una fuerza poderosa que te impulsará siempre hacia delante. Porque, al final del día, todo lo que necesitas ya está dentro de ti. Eres tu propia historia de superación. Hoy eres libre, y tu historia está en tus manos. Hazla brillar.

La contraseña de hoy es esta: 🌚 🌸

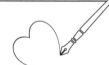

CUENTA TU HISTORIA

Celebra quién eres

Recuerda quién has sido y hasta dónde has llegado.

¿Qué situaciones difíciles has superado?

_____
_____
_____

> ¿De qué hitos sientes más orgullo?
>
> _____
> _____
> _____
>
> ¿Qué objetivos has conseguido en tu vida hasta el momento?
>
> _____
> _____
> _____

MEDITAR

Estoy segura de que has escuchado noventa veces que meditar es buenísimo, pues esta es la noventa y uno. ¡Amiga, hay que meditar! Meditar es una de las herramientas más eficaces para encontrarte y escucharte. Y, con el ritmo que llevamos hoy en día, es imprescindible encontrar un momentito de reconexión contigo misma. Por simple que parezca, esta práctica milenaria te aportará múltiples beneficios si la integras en tu rutina.

BENEFICIOS DE MEDITAR

- **Mejora de la salud física:** La meditación calma el sistema nervioso, reduciendo los niveles de cortisol (la hormona del estrés), lo que puede ayudar a disminuir la presión arterial y mejorar la salud cardiovascular. También favorece un sueño reparador, ya que relaja la mente y prepara el cuerpo para descansar.

- **Reprogramación del subconsciente:** La meditación es una herramienta poderosa para reprogramar la mente subconsciente. Al practicarla, puedes reemplazar patrones de pensamiento negativos con afirmaciones positivas y visualizaciones, lo que ayuda a derribar barreras internas que bloquean el bienestar y el éxito.
- **Mayor conexión mente-cuerpo:** Al dedicar tiempo a la meditación, te permites conectar profundamente con tu cuerpo, identificar y liberar tensiones acumuladas y encontrar un equilibrio interno. Esto fomenta una sensación de bienestar duradera y una mayor aceptación personal.

CÓMO MEDITAR

Puedes practicar la meditación de varias maneras. Estas son las técnicas más extendidas:

1. *Mindfulness*

También llamada «atención plena», consiste en sentarte en un lugar tranquilo, con los ojos cerrados y llevando la atención a tu respiración. Observa cómo el aire entra y sale de tu cuerpo. Si tu mente divaga, suavemente redirige tu atención de vuelta a la respiración. Lo mejor de este tipo de meditación es que la puedes practicar en cualquier lugar, incluso sentada en la silla de la oficina o mientras vas en transporte público. Es muy útil en momentos de estrés porque te ayuda a encontrar la calma y la claridad en medio del caos.

2. Meditación guiada con visualización

Sin duda, mi técnica favorita. Es un tipo de meditación muy específica, con la que puedes profundizar en el estado meditativo y conectar con tus objetivos personales. Consiste en seguir una serie de instrucciones verbales para alcanzar un estado de relajación y reflexión profunda. Para practicarla, busca primero recursos en plataformas como YouTube o aplicaciones dedicadas a la meditación. Una vez localizados, simplemente busca un lugar tranquilo donde puedas escuchar esos audios y déjate guiar. Este tipo de meditación es perfecta para explorar la paz interior y trabajar aspectos específicos como el alivio del estrés o el fortalecimiento de la autoestima.

3. Meditación de manifestación y visualización

Es muy similar a la anterior, pero, en este caso, se combina la meditación con la Ley de la Atracción, enfocándose en la creación consciente de la realidad que deseas. En ella, visualizas y sientes tus metas como si ya se hubieran materializado, alineando pensamientos y emociones con tus deseos. Para ponerla en práctica, relájate, cierra los ojos y respira profundamente. Imagina tu meta con todos los detalles posibles. Siente las emociones positivas que experimentarías al haberla alcanzado y **usa afirmaciones** como «Vivo en abundancia» o «Soy canal de amor y prosperidad». Suelta la necesidad de controlar el resultado y confía en que el universo traerá lo que es mejor para ti en el momento perfecto. Esta técnica te ayudará a clarificar metas, reprogramar la mente para el éxito y fortalecer la capacidad de manifestar intenciones, ya que te permite «vivir» los sueños antes de que se materialicen.

La meditación es una herramienta accesible y poderosa que puedes incorporar en tu vida diaria para encontrar equilibrio, claridad y bienestar. Si buscas reducir el estrés, mejorar tu salud física o manifestar tus sueños más profundos, esta práctica tiene el poder de transformar tu mente y tu cuerpo, guiándote hacia un estado de paz interior duradera. Desde que medito cada día, he notado que mi intuición está mucho más activa y no paro de atraer las cosas que quiero. Al dedicar unos minutos al día a meditar, estás invirtiendo en tu bienestar, permitiendo que la calma y la claridad fluyan a tu vida de manera natural.

ACTIVA TUS PODERES

Unos minutos de meditación

Una vez conocida la teoría, te invito a que dejes de leer y pongas en práctica alguna de las técnicas de meditación que te he propuesto. También puedes seguir las siguientes instrucciones:

- Busca un lugar tranquilo, con luz tenue, y asegúrate de que nadie te va a molestar.
- Haz diez respiraciones profundas.

- Escanea tu cuerpo mentalmente y observa cómo se siente. Empieza desde la cabeza y baja hasta los pies, notando dónde se siente más relajado y dónde más tenso.
- Vuelve a respirar profundamente, contando del uno al diez.
- Cuando te sientas lista, vuelve a abrir los ojos lentamente.

A continuación, te dejo algunos contenidos extra para activar todavía más el poder que hay en tu interior.

EXTRA: MI CONEXIÓN ENERGÉTICA

Esta práctica es un **ejercicio de meditación y conexión profunda** que hago habitualmente y que combina varias técnicas para alinear mi energía personal con una sensación de unión universal y conexión con la Tierra. Puedes hacerlo cuando vayas a meditar o a poner en práctica la manifestación o la gratitud.

Básicamente, consiste en visualizar raíces saliendo de tus pies y un chorro de luz enorme desde tu cabeza. Con la mano en el corazón, debes sentir tu propio latido, como si ese pulso traspasara tu cuerpo y se sincronizara con la energía del planeta. Sé que suena algo esotérico, pero es muy reconfortante. Aquí tienes el paso a paso:

1. Visualización de raíces y luz

- **Raíces desde los pies:** Imagina raíces que emergen de tus pies, simbolizando una conexión profunda con la Tierra. Esta visualización te ayuda a sentirte anclado y sostenido por el suelo, y te ofrece estabilidad y seguridad. Por supuesto, siempre que puedo lo hago descalza, incluso si estoy tocando tierra o naturaleza con la planta de mis pies, mucho mejor.
- **Chorro de luz desde la cabeza:** Visualiza un flujo de luz saliendo de tu cabeza hacia el cielo, que representa tu conexión con el universo, la fuente de energía universal, o una conciencia superior. Esta imagen refuerza tu vínculo con lo espiritual.

2. Conexión con el corazón

- **Colocar la mano en el corazón:** Al poner la mano en tu corazón, te enfocas en tu propio latido, que simboliza tu energía vital y tu esencia. Este gesto te ayuda a centrarte y a sentirte en sintonía con tu yo interior.
- **Sincronización del pulso:** Imaginar el pulso de tu corazón atravesando tu cuerpo, el espacio donde te encuentras, y extendiéndose hasta el planeta ayuda a crear una sensación de expansión y conexión global. Yo lo combino con los movimientos de suelo pélvico Mula Bandha que te ya he explicado.

3. Bombeo imaginario de energía

- **Energía y conexión con el planeta:** Al sincronizar mentalmente tu pulso con un bombeo imaginario, te imaginas como una fuente de energía que interactúa y fluye con la energía del planeta. Este aspecto de la práctica está diseñado para fomentar una sensación de interconexión y equilibrio entre tu ser y el mundo que te rodea.

Propósitos y beneficios de la práctica

- **Anclaje y estabilidad:** La visualización de raíces te ancla al presente y te proporciona una sensación de estabilidad.
- **Conexión espiritual:** La luz que emana de tu cabeza hacia el cielo refuerza tu vínculo con lo espiritual y con una fuerza universal.
- **Autoconciencia y equilibrio:** Al enfocar tu atención en el latido de tu corazón, promueves una mayor autoconciencia y equilibrio interno.
- **Sincronización global:** La expansión de tu energía hacia el planeta fomenta una sensación de conexión y armonía con el entorno global.

Esta práctica puede ser una herramienta poderosa para la meditación, el autoconocimiento y el fortalecimiento de tu conexión espiritual y energética con el universo.

18.
Juntas somos imparables

Escribir este libro ha sido una de las cosas más difíciles que he hecho nunca. Abrirme de esta forma, mostrarme vulnerable y desnudar mis miedos ante ti me ha hecho sentirme como cuando estás subiendo por la típica carretera estrecha con curvas y llena de acantilados. ¡Da miedo solo de pensarlo! Pero sé que compartir mis experiencias va a ayudar a muchas mujeres a encontrar su propio camino, su propio crecimiento. Eso me hace tan feliz que no he podido negarme a este proceso.

Este viaje exhaustivo a través de mi vida no ha sido fácil. He tenido que descender a las sombras que llevaba tiempo esquivando y remover emociones que creía superadas. No he podido evitar llorar con cada capítulo, porque cada palabra escrita ha sido una catarsis, una liberación intensa y sanadora al mismo tiempo. He vuelto a reencontrarme con mujeres que fueron clave en esta historia, he sentido de nuevo la tristeza de ser invisible, y cada episodio me ha hecho llorar como si lo viviera por primera vez. A veces me ha costado leer mis propias palabras, pero sé que en esa dificultad está la verdad que necesito compartir contigo, así que gracias por acompañarme todo este tiempo.

Antes de realizar este viaje no era consciente de que, mayormente, han sido mujeres las que más me han ayudado en mi camino. Mis compañeras del cole, mis vecinas, mis amigas, a las que considero familia, o mi abuela. Al criarme en la calle, he tenido siempre a mi alcance las drogas, la prostitución o la mala vida en general, y sin embargo nunca elegí el camino fácil. Sospecho que tengo unas buenas guías espirituales conmigo, porque no entiendo cómo me ha salido todo tan bien.

Me encantan las mujeres (y también algunos hombres, ¿eh?). Nosotras somos tan poderosas que el mundo siempre inventa formas para dividirnos, debilitarnos y competir entre nosotras. Tenemos que cumplir unos cánones, nos comparamos continuamente, no podemos envejecer, tenemos que ser la empresaria del año, la mejor madre, la mejor amiga y la mejor hija, ¡todo al mismo tiempo! Nos hacen competir, como si la vida fuera una carrera; en lugar de ver nuestros éxitos como inspiración los vemos como amenaza. Yo soy de las que piensa que, si ella pudo, yo también puedo. He conocido mujeres que han vivido sus propios infiernos, que han atravesado situaciones que parecen imposibles de soportar y, aun así, han salido adelante.

Rodéate de aquellas personas que te iluminen el camino y tu travesía será mucho más ligera y luminosa. Déjate acompañar por quien te quiere bien.

JUNTAS SOMOS IMPARABLES

Son ejemplo de ello Marta, Eva, Ángela, Leticia, Ana, Zaira, Isabel, Magda, Lucía, Andrea, Fuensanta, Ra, Yasu, Alba, Sandra, Toñi, Eli, María, Aurora, Gelen, Rosa, M.ª José, Amor, Laura, Paula, Choni, Vane, Noe, Sonia, Sara, Patricia, Elena, Clara, Teresa, Alicia, Bea, Deborah, Carmen o Cris y muchas otras supervivientes de situaciones desoladoras, que han salido adelante de la mano de otras mujeres que, aunque también cargaban con sus propios problemas, no dudaron dar la mano, ofrecer un hombro donde llorar, hacer un bízum para la compra o ser una voz de aliento en los momentos de oscuridad.

Porque compartir nuestras historias no solo nos sana a nosotras mismas. Cuando nos atrevemos a hablar, a decir en voz alta lo que hemos vivido, lo que nos ha dolido, lo que hemos superado, estamos tendiendo un puente a otras mujeres que quizás estén pasando por algo similar. Nos convertimos en una luz en la distancia para ellas, que piensan que están solas, que nadie las entiende. Decir «yo también» es, a veces, la frase más poderosa del mundo.

En ocasiones, todo lo que necesitamos es saber que no estamos solas, que tenemos una red de apoyo. Que hay alguien más que ha pasado por lo mismo, que ha sentido el mismo miedo, la misma tristeza, la misma desesperanza. Encontrar a esa persona y sentir que entiende por lo que estás pasando te hace sentir arropada, escuchada y validada.

Me daba miedo que me juzgaran, que pensaran que era débil o que no lo tenía todo bajo control. Pero un día, hablando con una amiga que estaba pasando por un momento difícil, me di cuenta de que mis experiencias no eran solo mías. Que, al compartirlas, al ser honesta y vulnerable, estaba ayudándola a sentirse menos sola, a ver que había una salida. Y en ese momento entendí que era más poderosa al mostrarme tal como soy, con todas mis cicatrices.

Así que, querida amiga, quiero que recuerdes siempre esto: no estás sola, nunca. Puede que a veces las cosas se pongan difíciles, que sientas que el mundo es un lugar difícil, pero ahí fuera hay personas que entienden tu lucha, que han pasado por lo mismo y que están dispuestas a tenderte la mano. Y no solo eso, sino que tú también tienes dentro de ti la capacidad de ser ese apoyo para alguien más. Unidas somos más fuertes, y cuando una de nosotras brilla, iluminamos el camino para que otras también puedan hacerlo.

La contraseña de hoy es esta:

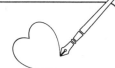

CUENTA TU HISTORIA

Tu círculo de poder

Estoy segura de que tú también has tenido la suerte de encontrarte con personas maravillosas durante los peores momentos de tu camino. Es hora de honrarlas.

¿Qué personas han significado para bien un antes y un después en tu vida?

_____
_____

JUNTAS SOMOS IMPARABLES

¿Qué personas han supuesto un gran apoyo para ti?
_____
_____
_____

¿En qué te ayudaron?
_____
_____
_____

Tómate un minuto y dales las gracias por permanecer a tu lado:
_____
_____
_____

EL BAMBÚ HUERTANO

En un carril perdido de la huerta, vivía el señor García, un anciano conocido en el pueblo por su sabiduría sobre la vida. En su juventud había sido panadero en una empresa que trabajaba alrededor del mundo. Gracias a esos viajes aprendió a dar buenos consejos y trabajaba como curandero.

Su casa estaba rodeada de naranjos y limoneros, un entorno lleno de vida donde cada árbol parecía contar una historia de cuidado y dedicación. En una parte especial del jardín, donde la tierra era especialmente fértil, crecía un grupo de carrizos regados por un brazal que venía de la acequia mayor. Toda la ribera de las acequias estaba llena de aquellas cañas, pero él siempre contaba que el suyo era bambú japonés, del mismísimo Japón.

Una tarde, mientras García labraba su tierra, llegó su vecina María y, con cara de preocupación, se sentó en el banco que había bajo la sombra de una vieja higuera. «Señor García, me ha dicho mi abuela que viniera a hablar con usted. Sé que da muy buenos consejos y necesito escucharlo. Desde hace semanas, tengo una sensación de ahogo en la garganta, me estoy esforzando mucho en mi proyecto, pero por más empeño y dedicación que pongo cada día, no veo cambios relevantes. Siento que no avanzo, todo parece estar igual que antes».

El hombre, con aire de tranquilidad, dejó la azada que llevaba en las manos, manchadas de sol por el paso del tiempo, y la invitó a caminar con él hacia la parte del jardín donde crecían los bambús. Mientras se acercaban hacia ese rincón especial, García comenzó a hablar:

«Quiero contarte la historia de una semilla de bambú que plantó mi propio abuelo en este huerto hace muchos años. Era un grano pequeño que había conseguido en un puesto de la plaza de abastos, un viejo desaliñado aseguraba que eran semillas de auténtico bambú japonés.

»Él sabía que esta planta necesitaba cuidados especiales y era muy difícil que pudiera crecer en un clima tan diferente al de su hábitat natural, así que cada día le dedicaba unos minutos para mimarla, esperando que saliera algo de aquella tierra. Durante los primeros años, no se vio ningún signo de crecimiento en la superficie, y aunque mi abuela le decía que había sido estafado por aquel viejo, mi abuelo esperó con paciencia, regando la tierra cada día con agua de la acequia que llega por este mismo brazal.

»A pesar de sus esfuerzos constantes, no veía resultados inmediatos y comenzaba a dudar de su propósito. La gente del pueblo le daba la razón a mi abuela, decían que había sido engañado y se preguntaban por qué seguía dedicando tanto tiempo a ¡una planta que no existía! No había el más mínimo signo de vida. Sin embargo, él continuó con su rutina diaria, regando y cuidando el bambú, sin permitir que la duda lo desanimara.

»Lo que la gente no veía era el trabajo que ocurría bajo la tierra. Mientras el bambú parecía no crecer, en realidad estaba desarrollando un sistema de raíces extremadamente extensas. Durante esos primeros años, las raíces del bambú pueden alcanzar hasta tres metros de profundidad y extenderse horizontalmente hasta veinte metros. Este crecimiento subterráneo es esencial para soportar el alto crecimiento que se produce después y puede durar hasta cinco años. En todo ese tiempo puedes tener la sensación de que nada sucede fuera, pero todo está sucediendo dentro».

El hombre la miró con una comprensión profunda y añadió: «El bambú nos enseña una lección valiosa sobre el crecimiento personal. Muchas veces, cuando sentimos que nuestros esfuerzos no están dando frutos inmediatos, puede parecer que no estamos avanzando. Sin embargo, estamos construyendo nuestras raíces. La paciencia y la perseverancia son esenciales para establecer una base sólida que te permitirá alcanzar una altura que ni tú misma te imaginas».

María miró los bambús con una nueva perspectiva, sintiendo una mezcla de esperanza y entendimiento, y dijo: «Entonces, ¿debo seguir insistiendo, incluso cuando no veo resultados inmediatos?».

El señor García asintió con una sonrisa cálida. «Sí, amiga. Como el bambú, tus esfuerzos están desarrollando dentro de ti una base sólida para tu crecimiento futuro. Sigue adelante con determinación y confianza, cree en ti, porque ya hay una pequeña transformación en tu interior aunque no la veas. El progreso puede ser lento e invisible al principio, pero con el tiempo verás cómo tus raíces profundas te permiten alcanzar alturas impresionantes».

María lo miró con confianza, García añadió con una carcajada: «Y sé que mi bambú se parece mucho al cañizo común que hay en estas huertas, así que cuando te pregunten di que es una especie japonesa que solo tengo yo».

JUNTAS SOMOS IMPARABLES

Sé que es difícil no tirar la toalla, pero solo tienes que confiar en el proceso y mirar atrás para darte cuenta de todos los pequeños avances que has hecho en tu camino. A veces lento, a veces invisible, pero seguramente estés construyendo una base fuerte para lo que viene, querida.

La contraseña de hoy es esta:

MÍRATE BIEN

Tú también eres un bambú huertano

Tal vez todos tus objetivos no se hayan cumplido todavía, pero te aseguro que, si estás leyendo este libro, están ya camino de cumplirse.

Recuerda aquí todos los esfuerzos que has hecho hasta la fecha, aunque aún no hayan dado sus frutos:

1. _____
   _____
   _____

2. _____
   _____

EL PODER DE VERTE BIEN

3. _____
_____
_____

4. _____
_____
_____

5. _____
_____
_____

Siéntete orgullosa del camino recorrido, de las semillas plantadas… y confía en que pronto brotarán los frutos.

EPÍLOGO
De invisible a millonaria

Llegar al final de este libro no significa despedirnos, significa que estamos listas para seguir adelante. Gracias por dejarme acompañarte en este camino, por haber leído mis historias, mis aprendizajes y mis tropiezos. Espero de corazón que algo de lo que te he contado haya resonado contigo, que te haya sacado una sonrisa, una lágrima o, al menos, una buena reflexión.

Escribir estas páginas ha sido un viaje muy personal, pero todo cobra verdadero sentido cuando alguien como tú lo lee, lo siente y lo hace suyo. Porque este libro es tan tuyo como mío. Si algo quiero que te lleves de aquí es la certeza de que no estás sola. Todas buscamos sentirnos mejor, querernos más y, especialmente, entendernos. No siempre es fácil, pero vale la pena cada paso, incluso los que duelen o los que cuestan.

Ahora te toca a ti seguir escribiendo tu historia. Sobre todo, hazlo sin miedo. Sé que tienes dentro la fuerza, la luz y las ganas para hacerlo increíble. Y si algún día sientes que no puedes, vuelve a estas páginas, que aquí estaré, como esa amiga a la que siempre puedes recurrir.

EL PODER DE VERTE BIEN

Gracias por leerme, por confiar en mis palabras y por permitirme estar cerquita de ti durante este tiempo. Espero que, al mirarte al espejo, te veas como yo te imagino: increíble, fuerte y llena de vida.

Nos vemos pronto, en algún rincón del mundo o en otra página de la vida.

Con mucho cariño,
Miri.

AGRADECIMIENTOS

Este libro es el resultado de un viaje que no he recorrido sola. Quiero dar las gracias, primero, a Jorge. Mi persona favorita, la que me cuida y me impulsa cuando yo no puedo. A Mojito, por sacarme tantas sonrisas cuando se me habían perdido. Juntos somos increíbles.

A mi representante, Sandra, que cree más en mí más que yo misma. A las mujeres maravillosas que han sido y son parte de mi camino. Cada una de vosotras habéis formado parte de esta historia. Gracias por tu apoyo incondicional, por tenderme la mano cuando lo he necesitado y por ser inspiración constante. Tu amor y fortaleza son la base de este libro.

A mi familia, por enseñarme que incluso en el caos se puede encontrar belleza. A mi padre, por quererme a pesar de todo, yo sé que aún me recuerdas en algún rincón de esa mente desconectada. A mi madre, por darme las raíces y las alas que necesitaba para volar. A mis sobrinos, que me hacen ser mejor, y a las personas que no están en este plano, pero me acompañan cada día. ¡Gracias por cuidarme!

EL PODER DE VERTE BIEN

Y, por último, gracias a ti, que me sigues cada día, me lees y me apoyas. Gracias por permitirme, de algún modo, ser parte de tu vida, gracias por creer en mí. Este libro está dedicado a ti, que me has dado la valentía para contar mi historia.

Te quiero.